ECUPL
1952-2022

《华东政法大学 70周年校庆丛书》
编 委 会

主 任

郭为禄　叶 青　何勤华

副主任

张明军　王 迁

委 员

（以姓氏笔画为序）

马长山　朱应平　刘宪权　刘 伟　孙万怀
陆宇峰　杜 涛　杜志淳　杨忠孝　李 峰
李秀清　肖国兴　何益忠　冷 静　沈福俊
张 栋　陈晶莹　陈金钊　林燕萍　范玉吉
金可可　屈文生　贺小勇　胡玉鸿　徐家林
高 汉　高奇琦　高富平　唐 波

ECUPL
1952-2022

法治追梦人

王立民
从钳工到功勋教授

人民出版社

王立民

1950 年 4 月生

华东政法大学二级教授、功勋教授、博士生导师。法学硕士、历史学博士。长期从事中国法律史的教学和研究工作。曾任华东政法大学副校长、中国法律史学会执行会长、教育部高等学校法学学科教学指导委员会委员、国家司法考试协调委员会委员、上海市法学会法理法史研究会会长、上海市政治学会副会长和德国帕桑大学、日本青山学院大学的客座教授等职。现任中国法学会法学教育研究会学术委员会委员等职。

享受国务院政府特殊津贴。全国优秀教师。当代中国法学名家。上海市领军人才、首届上海高校教学名师。国家精品课程、国家精品资源共享课"中国法制史"负责人。马克思主义理论研究和建设工程"中国法制史"首席专家。国家社科基金重大项目"中国租界法制文献整理与研究"首席专家。主持国家、省部级等科研项目 20 余项。出版个人著作 10 种,19 部;主编 30 余部。在《法学研究》《中国法学》《中外法学》《学术月刊》等期刊上独立发表论文 300 余篇,其中 30 余篇被《新华文摘》《中国社会科学文摘》《红旗文摘》《高等学校文科学报文摘》和《人大复印资料》等转载、转摘。获首届全国教材建设二等奖,国家级教学成果二等奖,省部级哲学社会科学优秀成果著作、论文一等奖等 20 余项奖项。

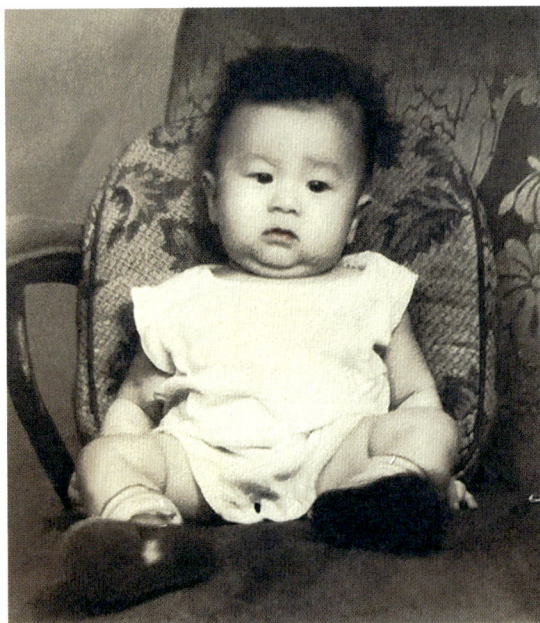

出生四个月后的留影

1970 年 7 月 8 日一家人在家门口合影

2010 年 10 月一家三口人在世博会合影

2010 年 5 月 14 日女儿与博士生导师合影

1993 年 6 月摄于华东师范大学

2001 年 2 月 15 日接待来校访问的加拿大总理克雷蒂安

2009 年 10 月 31 日在日本熊本大学出席"国际校长论坛"

参加 2006 年 9 月聘任"华人神探"李昌钰为校客座教授与刑事司法学院名誉院长的仪式

《唐律新探》一书多次被韩国学者译成韩文在韩国印行

课后与博士生们合影

2020 年 6 月 7 日博士生论文答辩结束后，师生三代人合影。左一为校党委书记郭为禄教授，左二为陈鹏生教授

目　　录

一、父母亲移居上海　我成了沪上的第二代移民 …… 2

二、读完初中　到工厂当了一名钳工 ………… 15

三、入选工农兵研究生　考入华东政法学院攻读法学
　　硕士学位 ……………………………………… 22

四、硕士研究生毕业留校任教　博士研究生毕业回到
　　学校工作 ……………………………………… 37

五、担任法律系主任　评上教授 ……………… 53

六、走上副院长(副校长)岗位　完成双肩挑任务 … 64

七、退出校领导岗位　成为全职教师 ………… 98

八、人生感悟　展望未来 ……………………… 124

2020 年 4 月 30 日,我年满 70 周岁,学校的返聘结束。目前,仍在科研第一线,开展以我为首席专家的国家社科基金重大招标项目"中国租界法制文献整理与研究"(19ZDA153)的研究。回顾自己走过的历程,从一名普通的钳工到功勋教授,有许多故事,也有很多感慨,与大家分享。本文内容的截止时间为 2021 年底。

一、父母亲移居上海 我成了沪上的第二代移民

我是因为父母亲都从浙江宁波市移居到上海,出生于上海,成长于上海,成了上海的第二代移民。

(一)家在虹口区的美德新邨

1950年4月30日,我出生于上海,家在虹口区溧阳路上的美德新邨(826弄)40号。它在溧阳路(现为四平路)嘉兴路路口上。嘉兴路垂直于溧阳路,是个丁字路。这个地方在1848年上海美租界建立时,属于上海美租界;1863年,上海英、美两租界正式合并为上海英美租界时,属于上海英美租界;1899年,上海英美租界改名为上海公共租界时,又属于上海公共租界;直到1945年,此租界被彻底收回。这个区域属于居民住宅区,不是闹市区,但生活比较

方便，各种商店俱全，生活日用品在家周围都能买到。

1. 美德新邨的自然环境不错

美德新邨的周边自然环境不错。它的弄堂门朝南，紧靠溧阳路，交通十分方便。北面弄堂底的一篱笆之隔是海伦儿童公园（现为爱思公园）。这个公园的地方不大，但供儿童游乐的设施比较俱全，滑梯、跷跷板、爬竹竿、勇敢者之路、脚踏滚轮等，样样都有。进公园要买门票，三分钱一张，小时候常去那里玩。美德新邨的左边有条河，小时候看到过河里有鱼，也有人去钓过鱼。河道不窄，船只可以来回穿梭。河上有座桥，名为嘉兴路桥。美德新邨的右边是家木行，出售各类木材，主要用于建筑。总体来讲，这个地方不嘈杂，环境还算不错。

2. 美德新邨的住房结构如同"洋房"

美德新邨是条新式弄堂，建成于解放前夕，与以往上海租界的石库门式里弄不同。它的中间是条大弄堂，两边是垂直的小弄堂，小弄堂的两边再造房子。大弄堂很宽敞，可以用作小型足球场，孩子们经常一起踢足球。小弄堂也不狭窄，可以用来打羽毛球、乒乓球。卡车可以开进大、小弄堂作业。用今天的眼光来看，弄堂里房子的建筑风格更像现在的联体别墅。每排多为 4 个号码,一共有55 号。每幢房子都有三层。一层是客厅和厨房;二层是卧室和卫生间,卫生间里有浴缸和抽水马桶;一层与二层之间,有个亭子间;三层是卧室和晒台。客厅、卧室都朝南,其他的都朝北。解放前,这种房型不多,人们称其为"洋房"。

美德新邨这种近代式的洋房适合一家人居住,其中布局合理、设施齐全,实为旧上海的富人建造、享用。小时候听大人说,解放前夕,上海物价飞涨,纸币贬值,美德新邨的业主们都用"大黄鱼"(大金条)买得房子。长大以后发现,周围的邻居都是一户一幢房,也都确有家底。我家是个例外。父母亲到了上海后,买不起房,居无定所。好在母亲的表哥在美德新邨 40 号有产权,开始没人居住,后来业主又离开上海去北京工作。经外婆斡旋,父母便住入三层,一、二层则被出租了。

3. 美德新邨有人文气息

美德新邨及其周边地区有点人文气息。美德新邨里居住过一些知名人士。其中,有现在的工程院院士、国务院政府特殊津贴专家、全国政协委员、上海市台盟主席等人。一条马路之隔的瑞康里,居住过的文人更多,有《新民晚报》社长赵超构、作家朱亚文、画家张乐平等。离弄堂很近的海伦路上,居住过中国著名书法家沈尹默等人。难怪有人说,这个区域里居住的文明人比较多。我从小生活在这样的环境中,算是一件幸事。

(二)父母亲先后从宁波市移居至上海

我的父母亲都从浙江省宁波市移居到上海,是上海的第一代移民。

1. 我的父亲

父亲王联群(1920.3.15—2000.5.15)出生于浙江省宁波市的国医街。十余年前,我到宁波出差,曾去找过这条街,已经面目全非,全是当代的新式建筑。马路紧邻宁波市政府所在地,算是宁波市的中心区域了。祖父是一位平民,有点文化,开过小店,出售茶叶、干菊花等商品,也给人记过账。祖母则是一位传统的贤妻良母,以相夫教子为职。父亲有兄弟姐妹六人,自己排行老三,上有一个哥哥和一个姐姐,下有三个妹妹。抗日战争胜利后,父亲与三个妹妹先后移居上海,只有哥哥和姐姐仍居住在宁波。

父亲好学上进。在那时局动荡、生活艰难的岁月里,读过书,练过字,写了一手柳体好字。解放后,还上过夜大学。解放前,曾在邹韬奋开办的生活书店工作过,接受过进步思想,是个无神论者,懂点唯物论、辩证法。1957年在上海加入中国共产党。

父母亲于1947年在宁波成婚。父亲的一个叔叔移民上海较早,在上海经商,有点人际关系,就把他介绍到上海的一家制药厂当"跑街",就是药品销售员。解放后,父亲仍在制药厂工作。公私合营以后,长期在上海海普制药厂从事管理工作。后来,调至此制药厂的上级单位上海市化工局。1963年,在上班途中,出了点意外,扭伤了腰。从此,行动不便,卧床时间多,起床行走时间少。1980年退休。

父亲生病期间,很会调整自己,不悲伤也不消极,每天做些自己喜欢做的事,剪报是其中之一。我在2000年9月10日《劳动报》上发表的《剪报》一文中,专门回顾了他的剪报往事。"父亲的剪报分门别类,整齐地粘贴在空白的练习本上,有关于政治学习资料、人生哲学名句、养生之道、各种图片等";"他十分喜爱人生哲学名句,剪报中有许多属于这类,如'宽容为怀''坚信是治疗之本''对己糊涂,对人热心''遇事不愁,顺其自然'等";"剪报伴随了父亲后半生,剪报又折射出他的人生"。他从剪报中自得其乐,抵抗长年的病痛不适。

2000 年 4 月,父亲病情加重,住入医院。住院前后,多次提出要捐献遗体、用于国家的医疗卫生事业的夙愿。如今,他的名字镌刻在上海市青浦区福寿园的遗体捐献人员名录里。每年,我们一家人都会去那里祭拜,怀念敬爱的父亲。

2. 我的母亲

母亲徐耐秋(1922.8.30—1997.7.6)出生于浙江省杭州市民生路上的状元弄。十多年前,我到杭州去出差,也到那个地方去看过,全是当代的居民住宅,没有过去那种土木结构的房子了。外公是个有文化的小职员,会写字算账,收入可以养家糊口。外婆也是个传统的贤妻良母,缠着小脚。母亲是老大,下有四个弟妹,其中两个是弟弟。日本占领杭州后,母亲一家人逃难到宁波定居,便有了母亲与父亲相识的机会。根据父母亲的讲述与回忆,母亲的家境好于父亲家。

母亲虽有传统思想,但也接受新思想。从小读书写字,能写一手好字,知书达理,通晓人情世故,待人接物也都比较妥帖。外祖父病故后,家里经济拮据,母亲就主动到宁波市天生医院当护士,分担家庭困难。解放前后,母亲家中变化较大。一个妹妹病故早逝;另一个妹妹读书毕业后,分配到北京的医院工作;一个弟弟携外婆先到上海,后又到江苏罗店的一个纱厂当学徒,最后转到上海的嘉定县定居;另一个弟弟参军,当上了解放军战士,在师级岗位上退役。整个家庭无人留在宁波市,全都分散到其他地方去了。

父亲在上海找到工作、站稳脚跟后,母亲也从宁波移居到上海,与父亲团聚。母亲为了照顾三个孩子,也成了家庭主妇。1958 年"大跃进"期间,曾一度到父亲所在的上海海普制药厂工作过,最后还是由于家务繁忙,三个孩子需要照顾,不得不回归家庭。那个年代社会上很少办托儿所、幼儿园,又没有计划生育,家里孩子多,很多妇女都成了家庭主妇,没法外出工作。母亲便是其中之一。

母亲是个平凡的妇女,却做了不平凡的事。在她谢世一年后,我于 1998 年 7 月 10 日在《上海法制报》发表了《母亲》一文,专门回忆母亲的一些感人往事。文中写道:"记得在三年自然灾害时期,国家困难,家里也困难,大家都吃不饱肚子。为了保证我们孩子的营养,母亲把家里最好的饭菜留给了我们,自己则吃最差的,常用豆腐渣、菜皮充饥,日子一久,便得了由于营养不良造成的浮肿病,我的家里就她一人得这种病。"父亲生病以后,处于长期病假状态,只能拿病假工资,家里收入锐减。母亲勤俭持家,精打细算度日。"家里不买价格昂贵的时鲜食品,孩子的'新'衣服是大人的旧衣服改做的,用旧布切成鞋底等";"但是,这都苦了母亲,她学会了从做衣、做鞋到烹饪的所有家务活,一切都'自力更生',难怪邻居还羡慕母亲有这一手呢。"靠着母亲的勤劳双手,家里"人人衣着整洁,像模像样",很有面子。

母亲不信鬼神,从不烧香拜佛。同时,还不断接受新思想、新事物。生前经常称赞周恩来总理把骨灰撒海的做法,还多次关照我们自己也要这样做。病重期间,反复嘱咐我们:"我活着的时候,你们都待我好,我知足了。我死后,骨灰不要保留,也去撒海。"我们尊重母亲的选择,她的遗愿得以实现。现在,母亲的名字镌刻在上海奉贤区海湾园的骨灰撒海人员名录内,每年我们都会去祭拜,怀念亲爱的母亲。

3. 我的父亲与母亲

父亲与母亲在行事风格上大相径庭。2015 年 6 月 1 日我在《上海法治报》发表的《父亲与母亲》一文中写道:"父亲是个慢性子,讲话慢条斯理,做事不急不躁,尽管效率不高,但质量蛮好。母亲是个急性子,讲话做事都风风火火,效率很高,立竿见影,让人感觉很爽。"尽管如此,可他们还是相安无事,甚至还取长补短,相濡以沫,营造了一个和谐温馨的家庭环境。

父母亲还有许多共同点,对新社会的感恩是其中之一。他们都从旧社会过来,深知那时的状况;又生活在新社会,感知新制度的优越。新旧社会的天壤之别,使他们十分感恩新社会与共产党的领导。《父亲与母亲》一文还写道:父母亲都认为"旧社会常有失业且无社会保障,一旦失业,家里就经济拮据,还会揭不开锅,要愁生存问题。解放后,家里的工作、收入都有保障,不愁生存问题,尤其是父亲在20世纪60年代后身体不好,长期病假,可生活仍有保证,家里从来没有因为生存问题而发愁过。对此他们深有感触,也常对我们三个孩子说,还是新社会好,要感谢共产党;要是在旧社会,(我们家)早就家破人亡了。"父母亲的感恩对我是一种教育,也是一种启迪。至今,我都牢记心中。

父母亲的一言一行,我从小耳濡目染。他们虽不是什么大人物,也不是什么知名人士,但他们的一些优良品格却深深烙在我的脑海里,成为我处世待人的一个重要参数。

(三)我与妹妹弟弟

我们家有三个孩子,我是老大,下有一个妹妹与一个弟弟。

1. 我的童年

父母亲结婚后的第三年,我才降生,而且还是个男孩子。他们把这作为一件家里的喜事、要事,对我特别关照,用了家里的许多资源。不仅雇了一个保姆,专门照看我,还提供很好的衣、食。那时,父亲的收入比较高,经济比较宽余,家里也仅有我一个孩子,买东西都挑好的买,衣服选好的品牌,奶粉选美国进口的……虽然,此时的我还小,不懂事也记不住很多事,可长大以后,看到家里留着我穿过的衣服等用品和邻居的口传,能够感觉到是度过了一个条件优越的幼年。

我的童年与妹妹、弟弟一起度过。妹妹小我二岁,弟弟小我五岁,我是当然的老大,成了孩子王。那时,父亲每天要上班,挣钱养家,几乎不管家务。母亲全心操心所有家务,买、洗、烧、缝、补等一样不少,否则家事就要停摆,生活就会出现问题。母亲外出办事时,妹妹与弟弟就由我照顾。小时候,我们都没有上过托儿所、幼儿园,大家一起在家里玩,也到弄堂与邻居的孩子玩,从来没有上过任何学前班、补习班。

那个时代的童年很自由,也很开心,想玩什么就玩什么。记得我们三个孩子下过象棋、五子棋、陆军棋;玩过滚铁圈、抽过"贱骨头";学过斗鸡、造房子,还吹过纸青蛙、吹肥皂泡、拍香烟牌子、叠纸飞机;养过蟋蟀、叫哥哥、金龟子;抓过知了、蜻蜓。另外,我们三人还齐心收集过香烟壳子与牌子、糖纸;集过邮票,可惜这些东西在"文革"时期都遗失了。父母亲也不干涉,只要我们开心,不出事,他们也就睁一只眼闭一只眼。

到公园和外婆家去玩是童年时两件难忘的事。公园里有一些家里与弄堂里没有的活动项目,荡秋千、骑跷跷板、滑滑梯、蹬滑轮、走勇敢者之路都是如此。每过一段时间,就想到公园里去过一下瘾。好在海伦儿童公园离家也近,十分方便,不需兴师动众。外婆家在嘉定的城厢镇,即嘉定的县政府所在地,是嘉定县热闹的地方。但是,那时的城厢镇地方不大,没多远就是农田。农田边上有水塘、小河,里面有小鱼,可以抓鱼。农田里有蟋蟀叫,可以抓蟋蟀。抓到鱼、蟋蟀还会养起来。鱼养在玻璃瓶里,放点水草,看着很开心。蟋蟀则存在专门的蟋蟀泥盆里,放点米饭粒养起来,听到叫声,就很高兴。城市的孩子见到这些小动物,都把它们当作新鲜事,高高兴兴地度过了一年又一年。

"文革"期间,我和妹妹、弟弟才分手,他们离开上海,去外地工作。

2. 我的妹妹与弟弟

妹妹王立平(1952.6.10—),也出生于上海,住美德新邨。在上海念完小学、中学,是六八届初中毕业生。也就是说,只学了一年初中课程,就算中学毕业了。上海的六六届、六七届中学毕业生中,还有留上海工作的名额,六八届开始是"一片红",全部插队落户,去务农。她不得不于1970年7月离开上海,去安徽亳县(现为安徽亳州)插队务农。五年后,即1975年9月被选送至安徽省亳县师范学校(中专)学习。1977年9月毕业,分配到亳县张沃中学当语文教师。1978年8月,与在蚌埠市工作的上海知青罗近成婚。1979年9月,调至蚌埠市船民小学(现为淮上路小学)任教,后提任为教导主任。1988年,加入中国共产党。1994年调到蚌埠市朝阳路第三小学任教导主任,后又升任为副校长,分管教务。2007年6月退休,回到上海安度晚年。1982年生有一女,取名罗立,先后毕业于上海师范大学、华东政法大学,现在上海工作,也已成家。一家人幸福美满。

弟弟王立行(1955.3.18—)同样出生于上海,住美德新邨。在上海念完小学、中学。1972 年,毕业分配前夕,报名参军入伍,到哈尔滨某部队,任空军地勤兵。1975 年加入中国共产党,多次立功受奖。1976 年 3 月退伍,先在上海的一家国企工作,1985 年考入上海大学工商管理学院在职学习,后到一家外资企业负责行政管理工作,直至退休。生有一女,名为王正音,也在上海工作。一家人生活安定幸福。

"文革"之前,我们三个孩子都在父母亲身边,一家人其乐融融。

二、读完初中　到工厂当了一名钳工

我在上海读完小学与中学。中学毕业正值"文革"开始，两年后便被分配到厂里当了一名钳工。

（一）顺利读完小学与中学

20世纪五六十年代，虽然没有义务教育，要交学费，但大家都能承受得起。

1. 顺利读完小学

1957年9月，按照就近入学的政策，我到家附近的邢家桥南路小学上学。这所学校就在邢家桥南路上，紧挨一条小河。它不大，也不出名，就是离家近，沿河走几分钟就可到达，上、下学比较方便。学校的管理比较好，各方面工作井井有条，校园也清洁美丽。班主任袁月英是个语文老师,不仅语文教得好,班主任也做得好,对工作兢兢业业,待人和蔼可亲,学生们都喜欢与她交心,师生关系很融洽。小学的学习不紧张,回家以后还可以在弄堂里玩耍,度过了六年愉快的学习时光。在小学里的表现不错,热心为同学们提供帮助,五年级时还获得了"服务认真"奖。

2. 顺利读完中学

1963年9月进入四川中学读初中。这所学校原名粤东中学,就在四川北路上,离家也不远。上、下学靠步行,也就十余分钟。学校的建筑为红色调,以西式为主,操场很小,活动的余地不大。学校的正门对面是精武体育会。学校周边地区住的广东人比较多,又在曾经的上海公共租界区域里,环境比较好。每天上、下学都要走一段四川北路,可以逛逛商店,散散心。

班主任谭晓城是个广东人,就住在学校附近,教中国历史课。由于对中国史十分熟悉,上课基本不看讲稿,讲起来滔滔不绝,还穿插许多有趣的故事,大家都很愿意听他的课。我也因此对历史有了兴趣。

那时的中学从初二开始要学外语,我所在的班被安排学英语。教英语的是学校的教导主任高老师,也是广东人,上课很认真,态度严肃,我和大家都有一种敬畏感。高老师是我的英语启蒙老师，从此与英语结下了不解之缘。可惜的是，初中英语课的课时很少，学的内容太肤浅，学习英语的道路还很长。

读初中时，班级里建有团组织。团支部书记是班里最早入团的孙静茹同学。她是一位女同学，积极要求上进，各方面表现都比较突出。父母亲希望我对政治要有要求，也能进步，鼓励我积极靠拢团组织。经过努力，也在团组织与老师的指导与帮助下，在中学毕业前加入了中国共产主义青年团。那时，发展团员的标准比较严格，发展人数也比较少，我充满了光荣感和自豪感，每天都戴着闪闪发光的团徽，处处重视自己的表现，生怕造成负面影响。

我读书比较认真，上课不开小差，学习成绩一直比较理想，都是八十分以上，没有八十分以下。那时，我的个子已经比较高，上体育课时，班级里五十几位同学从高到低排队，总是排在前第一、二位。上课时坐最后一排，开小差也不易被老师发现，可我比较自觉，认真听课成了一种习惯。可以说，从小我就不是一个调皮捣蛋的学生。

当时的中学教育中，就有劳动实践的安排，我印象中最深的是去参加"三夏"与"三秋"劳动。"三夏"劳动的时间在上半年的五月，"三秋"劳动的时间在下半年的十月，地点都在上海郊区。作为一个长期生活在城市里的学生，去农村劳动，很高兴，因为可以去看看另一个世界。农村的条件比较艰苦，睡的是地铺，下面铺稻草，上面垫席子，被子等生活用品都自己带，喝的是井水。学生中有个炊事班，在教师指导下，负责做饭烧菜。每顿都能吃饱，荤素搭配。劳动以后，吃饭真香，胃口大开，那个感觉至今不忘。

劳动的内容主要是："三夏"割麦子，"三秋"割稻子，然后背到专门的地点，进行脱粒。割麦子、稻子可是体力、技术活，一天下来，腰酸背痛。还有，背麦子、稻子以后，头颈部受到麦芒、稻芒的刺激，会发痒难受。尽管劳动很辛苦，但觉得很有收获，也蛮开心。中学时代，我通过"三夏""三秋"劳动，学会一些农业知识，不会麦与稻不分，也不会草与韭菜混淆，收获不小。

（二）当上了一名钳工

"文革"开始两年后，即 1968 年 9 月，终于等到了毕业分配。我被分配到上海市机电一局机配公司下属的上海起重安装队（后改名为"上海热加工机械厂"）当学徒，地址在虹口区天宝路 348 号。这个地方离家不远，走路也就二十余分钟。十余年前，我重访此地，已不复存在，原址上建起了高楼大厦。

1. 被分配到装配车间任钳工

当时的上海起重安装队业务主要分为两大部分。一部分是起重安装业务。要承接上海一些单位较大设备安装的任务，其中包括了设备的起吊、移动、运输、安装等程序。整个过程以人工的操作为主，配以起重安装工具，劳动强度比较大。而且，工作地点经常变动，完成一个单位的安装任务，就要到下个单位接着安装。另一部分是机器制造与维修业务。除了要维修起重安装的设备外，还要制造一些设备，比如混砂机、空气压缩机等。这就需要一些与制造相关的工种，比如车床工、磨床工、刨床工、钳工等。后来，起重安装业务越来越淡化，而机器制造业务越来越繁重，单位的名称也改为"上海热加工机械厂"了。

我进厂从事的是机械制造工作，分配在装配车间，当上了一名钳工，按照图纸，装配机器，主要是混砂机和空气压缩机等热加工机械。师傅是装配组的组长骆元生。他个子高大，声音洪亮，一表人才。而且，还是个业务能手，精通与装配有关的各种技术，加上为人正直、厚道，深得组员的拥护，也为厂领导所赏识。整个装配小组工作有声有色，成为厂里最为出彩的一个部门。近几年，我每年都去拜访骆师傅。他出生于 1932 年，现在仍然健康，只是有时要发痛风,并无大碍。

骆师傅对我关心有加,有计划地进行培养。装配机器先从看懂图纸开始,看不懂图纸,不知零件安装在哪里,无法进行装配。当时,正巧有一批图纸需要描绘,师傅就安排我去描图纸。在描图过程中,我开始熟悉机器的结构与零件的模样,这为以后安装机器打下了很好的基础。描完图纸,师傅就安排我学习一些钳工的基本功,其中包括铲平板、划线、钻孔、装销子、组合零件等。我工作比较认真,也肯钻研,三年后按时转正,完成了学徒经历,变成了师傅。工资也从原来的每月十七元八角四分,增加到三十六元。

2. 被借调到公司团委工作

鉴于在厂里的表现,我曾被上级公司即上海市机械配件工业公司(简称"机配公司")于 1971 年评为"五好职工"。担任过厂团支部副书记、上级公司的团委委员。1972 年,加入中国共产党。由于公司团委的工作需要,1972 年 5 月我被借调到那里,从此离开工厂,到新的岗位任职,再也没有回厂工作。

我在公司团委的具体工作是分管宣传事务。同事有顾嘉倩、贾宏丽、马秀娟。顾嘉倩负责全面工作。我们的工作有分有合，互相协作，开展得比较顺利。1974年，机配公司的上级机关上海市机电一局借复旦大学之地，举办了一期政治经济学培训班，单位安排我脱产住校学习，专门学习马克思主义政治经济学。这是我第一次进入大学接受教育，倾听大学老师讲课，到大学图书馆看书，到大学食堂用餐，感受到大学的生活。几个月的培训结束后，我恋上了大学的生活，产生了上大学读书的念头。

学习结束后不久，我人事关系所在的上海热加工机械厂被整体归入新成立的上海市机电一局建筑公司，我也就随之一起到新公司履职，担任公司团委副书记、公司"七·二一"大学副校长兼政治教师，以副校长工作为主。这个"七·二一"大学不同于现今大学的概念，既没有大学的校园，也没有大学的图书馆，只是用了大学的称谓。它由公司承建、管理，教师由公司调配，学生来自公司的所属单位，只设公共与民用建筑一个专业，学习以实践为主。学制三年，没有正规学历，毕业后回原单位工作，不纳入现在的国民教育体系。实际上，是工农兵大学生的一种延伸与补充。我在从事该工作的三年时间里，知晓了一点大学管理的知识与大学任教的基本情况，算是一点小小的收获。

三、入选工农兵研究生 考入华东政法学院攻读法学硕士学位

离开工作单位以后,又进入大学,继续进行学习。

(一)成了一名工农兵研究生

1976 年下半年,公司分配到一个到上海师范大学(后为华东师范大学)政教系马克思主义哲学研究班(试点)读研究生的名额,我被选中并于 1977 年 2 月入校读书。这以后就被称为"工农兵研究生"。

1. 专门学习马克思主义哲学原理

我这个"工农兵研究生"学制两年,专门学习马克思主义哲学原理。导师是张天飞老师(1935.5.12—)。近年来,我每年都去拜见张老师。他出生于 1935 年,现一

人独居，生活自理，思维敏捷，仍很健谈。学生共有七人，其中三人从刚毕业的工农兵大学生中选出，他们是毛翠娣、来建础和徐瑞芳。另外四人则从上海所属单位中选出，我是这四人中的一人，还有陈冠华、王文华和郑沛尧。班中设有党支部书记与班长各一人，毛翠娣任党支部书记，我任班长。

在张天飞老师的指导下，我们以学习马克思主义哲学原著为主，先后学习过《共产党宣言》《费尔巴哈提纲》《路德维希·费尔巴哈和德国古典哲学的终结》《反杜林论》《唯物主义和经验批判主义》《国家与革命》《实践论》《矛盾论》《论持久战》《新民主主义论》等原著。学习过程是先自学，后听张老师讲授，遇有疑难问题再讨论。张老师教学极其认真，每次上课都要重新整理，修改讲稿。他学识渊博，上课时自然科学与社会科学知识信手拈来。讲课内容深入浅出，使我们这些学习背景不同的学生都能接受，有所收获。张老师对学生的其他方面也很关心，曾对我进行过家访，是一位很好的老师。

为了弥补我们其他的哲学知识上的不足，张老师鼓励我们自愿去听一些本科生的哲学课程。我先后听了马克思主义哲学原理、西方哲学史、中国哲学史和逻辑学等一些课程。不过，这些课程都不在教学计划之中，也不参加考试。即使如此,我也坚持认真听课、记笔记,从中学到了不少哲学知识,扩大了眼界。

可惜的是,那时不设外语课程,也不需学习外语。出于对英语的爱好,我自学英语。一方面收听上海人民广播电台播讲的英语课程,另一方面则坚持早上在校园里读、看外语教科书。两年下来,英语水平比中学时稍有提高。

2. 有实践的机会

此时的学习也注意与实践相结合。记得我们的实践是在张老师的带领下,与航运公司的船员一起学习马克思主义哲学。实习的这艘船专门把秦皇岛的煤矿运输到上海,供上海使用。我们就在船上与船员一起学习,张老师做指导,我们每个人谈学习体会。前后共学习了两个轮次。秦皇岛离山海关很近,我们就利用装煤的间隙时间,去秦皇岛玩。那时的旅游机会非常少,难得有机会去秦皇岛,高高兴兴地去那里潇洒了一回。

这两年的住校学习收获很大,不仅知晓了大学的基本情况,而且还掌握了学习专业知识的基本要求与方法,为以后的进一步学习打下了基础,特别是哲学作为一种方法论,对我以后的研究起到了重要作用。可惜的是,这两年还不知如何进行科研,也没有做撰写、发表论文的训练。

这种情况只会发生在我们工农兵研究生之中，不会发生在恢复高考后接收的研究生身上，因为对工农兵研究生没有这种科研上的要求。

（二）分配到华东师范大学分校
当了一名哲学教师

两年的学习时间很快结束，我们班里的七个学生被分配到多个单位，各奔前程。我被分配到华东师范大学分校，进马列主义教研室，教马克思主义哲学。它地处凯旋路，分校撤销后，先后成为上海大学美术学院和市教委党校的校址。华东师范大学分校是一所工科大学，没有文科专业，马克思主义哲学是工科学生的一门必修课、公共课。进校后，一位主持日常工作的副校长找我谈话，希望我能担任学校的团委书记，我考虑后婉言谢绝了。

那时，工农兵学员不论是大学生还是研究生，都定级为大专学历，而且不能再考本科，只能考研究生。当时，社会上有一种要把工农兵学员赶出高校教师队伍的倾向。我希望留在高校教书，只有考研究生一条路。在我心里，考研究生、摆脱工农兵研究生困境是重中之重，也是努力的目标。为了到达这个目标，需要集中精力，付出最大努力,不容再分心去任团委书记。我把自己的想法告诉了这位领导,取得了他的理解。

进马列主义教研室的第一件事是进行试讲。由于我在华东师范大学读书时,系统学习了马克思主义哲学原著,听了一些相关哲学课程,把其运用到一门公共课上,绰绰有余,再加上有以往的授课经验,试讲十分成功,顺利留在教研室任教,成了一名高校哲学教师。在这一岗位上,我工作了三年,每年都完成工作量,是一名合格的教师。当时,虽然没有专门评职称,但实际上是助教。以后,我在华东政法学院评讲师时,这段时间被算作了助教经历。

(三)结婚生女有了自己的家庭

华东师范大学毕业后,我于1979年春节结婚了。

1. 太太陈瑞君

太太是陈瑞君(1952.2.16—)。她出生于上海,籍贯浙江宁波,也是上海的第二代移民,父母亲都是上海企业里的工人。父亲陈祖纯是火车司机,母亲汪英花是纺织工人。在四个孩子中,她排第二,上有一个哥哥,下有两个弟弟。由于读书早,是六七届初中毕业生,"文革"时被分配到上海市机电一局机配公司下属的螺帽二厂当工人，1971年入党后调至机配公司政宣组工作。我被借调到机配团委后，认识了她。不过开始有交往，还是在我被调至建筑公司工作以后。当时，我在机配公司团委分管的工作由她接任，交接工作使我们有了较多联系。以后，联系增多，逐渐发展成恋爱关系。那时，国家提倡晚婚晚育，我们都积极响应，直到五年后才成婚。

结婚后，我们都搬到机配公司分配的房子居住，离开了双方父母，独立生活。家址在闸北区（现静安区）共和新路444号三楼。这个房间才十几个平方米，设备也十分简陋，可在那个年代，有个房子居住已经很不错了。多年前，共和新路拓宽改造，原先的住房已被拆除，建起了高楼。1990年，我们分到新房子，搬到靠近闸北公园的新家。

婚后太太在公司机关工作一段时间后，就调至所属单位任职，先后担任过厂党支部书记、厂长、厂党委书记等。她为人正直，善解人意，工作投入，能力较强，妥善处理不少棘手的问题，得到大家首肯与好评。难能可贵的是，在工作之余还抓紧时间"充电"，先后取得高中、大专毕业证书，最后在华东师范大学政史专业完成学业，取得成人教育的本科证书。

2007年退休后,鉴于良好的工作表现,她被改制后的上海哈迪威紧固件有限公司继续聘用,先后担任过公司党支部书记、工会主席等职,直到现在还在上班,发挥余热。考虑到我每天要到学校搞点科研,家里没有其他人,她一人待着也很寂寞,不如上班与同事们一起热闹,精神状态更好一些,也就一直没有离开工作岗位。

2. 女儿王胤颖

女儿王胤颖(1981.9.8—)曾用名王颖。出生于上海"红房子"医院。从小就由我们自己抚养、带大。那时,我已在高校任教,由于是课班制,不需天天上班,时间可以自由安排。当时,太太的厂里有个哺婴室,每天早上我抱着女儿与太太一起乘公交车到厂里,傍晚再把女儿接回来。三岁时,女儿转入离厂不远广中路上的托儿所。五岁时,又进入离家不远在育婴堂路上的闸北区教工幼儿园。女儿从小就在幼儿机构长大,几乎每天都与老师、同学在一起,接受幼儿教育,收获多多。当然,同学生病也易被感染,流行性感冒、腮腺炎等病都得过。一旦得病,就只能留在家里或送到我父母家渡难关。家里最困难的时候是我住校读硕士研究生的头一年,因为要住校,课又多,女儿就由太太一人照顾,每天挤公交车上下班,十分辛苦。

女儿聪明好学，接受能力强，理解也快。二三岁时，教她学习数字、英语单词，很快学会。以后，教她背唐诗，也很快记住。在上幼儿园时，特别喜欢听我们讲故事。讲完后，就让她自己讲，重复讲，都有满意结果。在闸北区第三中心小学上的小学，学习很认真，成绩几乎全是优秀。工作能力也很强，担任学校里的大队委员，手臂上挂着大队长的标识，三条红杠杠，挺神气的。到了中学，学习成绩也一直比较理想，继续担任大队长与班长。市北中学高中毕业时，被评为上海市优秀毕业生。

女儿大学本科读的是华东政法学院国际法系（现国际法学院）法学专业国际经济法方向。2000年高考时，女儿取得高于华东政法学院本科录取线十余分的成绩，顺利进入该校。本科毕业后，又以高分考上刑法硕士研究生，导师是刘宪权教授。在读期间，根据学校关于与国外大学联合培养的规定，二年级时，赴美国威斯康星大学麦迪生分校（Wisconsin，Madison）法学院学习一年，导师是艾瑞希教授（Charles R. Irish），按时获得该校的法学硕士学位。赴美学习有竞争，不仅有学习成绩的要求，更有外语的要求。女儿的托福成绩超过六百分，顺利通过该校美国专家的面试，踏上赴美学习的路程。毕业后，再回到学校继续第三学年的学习，并通过硕士论文答辩，成绩优秀，按时毕业。在三年学制中，获得了中外两个法学硕士学位，实不容易。

硕士研究生毕业后，女儿继续深造，被美国威斯康星大学麦迪生分校的法学院录取为博士研究生，学制三年，导师仍然是艾瑞希教授。三年中，第一年学习博士学位课程，第二、三年集中撰写博士学位论文。论文除需全英文撰写外，还要A4纸一百二十页以上。她克服各种学习上的困难，顺利拿到法学博士学位（S.J.D），后又实习了一段时间，于2011年12月回国。

回国后，女儿没有急于找工作，而是选择了去免费支教。经过一段时间的准备，2012年3月到了支教学校，地处湖南省怀化市通道侗族自治县独坡乡金坑村，名为金坑小学。这个小学在山上，从县城开车要一个多小时才到村口，其中有八十多个弯。而且，路窄，只有小面包车和摩托车才能经过。那是个贫困村，学校的条件非常简陋，每天还要自己做饭，饭菜极其简单，以"三白"为主，即白米饭、白菜、白萝卜。住的是木板屋，风会刮进室内，晚上睡在羽绒睡袋里，还要贴上几块暖宝宝，否则就要挨冻。由于教师少，每周要上多门课，包括英语、体育、音乐等课程。

根据约定，女儿在那个学校支教了一个学期。由于支教中的突出表现，获得了优秀支教的奖状。2012年5月，还受邀与校长、学生们一起上了浙江卫视由周立波主持的中国梦想秀节目,在电视上秀了一把。2012年7月18日,我在《上海法治报》上发表了《女儿支教回来》一文。文中写道:"节目中,她(女儿)表达了希望更多人士来支教的梦想。周立波还专门介绍这位是留美法学博士,回国后放弃优越的城市生活到艰苦的地方去支教。这得到在场观众的首肯,300人投票,中了298票,高票晋升。"这一节目扩大了支教的影响,具有积极意义。

支教回来,女儿先在上海一家律师事务所工作,后又到一家咨询公司就职,担任项目负责人。2018年,竞聘到上海证券交易所,在所属的产品创新中心工作。除了处理日常事务外,还要到全国各地讲学,专门讲解基金与期权产品,已去过天津、深圳、广州、南昌、武汉、运城、合肥、中山等一些城市。另外,自2014年起,还一直担任上海财经大学法学院的校外硕士研究生导师。2019年,结婚成家,丈夫刘也卓是复旦大学毕业的理学博士,拥有自己的创业公司。

(四)考进华东政法学院攻读中国法制史的法学硕士学位

在华东师范大学分校教哲学,虽然日子过得还算滋润,但压力始终存在。为了摆脱工农兵研究生的学历,我一直设法再考研究生,取得硕士学位。此时,一位华东师范大学的校友提出可以考华东政法学院(2007年更名为华东政法大学)中国法制史学科硕士研究生的建议。当时,上海没有法学专业毕业的本科生,最早招收的法学本科生是在1979年,要到1983年毕业,才能考硕士研究生,而华东政法学院招收硕士研究生始于1981年。也就是说,华东政法学院招收法学硕士研究生的头两年里,上海还没有自己的法学考生。我要面临的竞争对手,主要是非法学专业的毕业生。这就给我这个学哲学出身的工农兵研究生增加了点信心。

1. 为考试作了充分准备

就是与非法学专业的毕业生竞争,我也处于劣势,毕竟我在大学的学习时间才两年,学到的知识也不多,连政治理论课都没有学全。另外,问题最大的是外语。我没有系统学习过大学英语课程,底子薄。为了补齐这些短板,我努力奋斗。

第一,自学法学课程。我选考中国法制史,就自学与此学科相关的一些课程。华东师范大学分校离华东政法学院很近,走路才十分钟左右。通过熟人买来了华东政法学院的本科教材，开始死记硬背。背了三遍以后，基本上可以把教材里的主要内容都记下来，可以应付考试了。

第二，学习政治理论课程。把我不熟悉的中共党史、国际共运史等课程的教科书认真读，仔细看，一遍又一遍，直到记住为止。

第三，学习英语。这是最花时间，也最难学的一门课程。起初，我看大学英语教材，也去华东师范大学听了一些英语课，但总觉得进步不快。后来，一位校友建议我做考试真题与模拟题，直接应对考试。这一招立竿见影，效果明显。同时，我掌握的英语单词较少，需要及时补上，就把阅读中发现的英语单词，做成卡片，正面为英语单词，反面是汉字。这些卡片随身带，有空就拿出来背，一张一张翻过去。不管是在公交车上，还是在休息时，都是如此。时间长了，卡片越做越多，积累了一大堆。经过几年的准备，我总算弥补了自己的薄弱之处，对入学考试，充满了信心。

1982年上半年，我报名参加华东政法学院硕士研究生的入学考试。那次考试的竞争极其激烈。一是这年招收的硕士研究生最少，仅为八人，少于任何一年。二是录取比例很低，有五十多人报名参加考试，录取比例才百分之十五左右。三是参加考试的人员中，绝大多数都是七八届本科毕业生,实力很强,只有我是工农兵研究生。

幸运的是,我在激烈的竞争中,最终胜出,以考试总分第三名的成绩被录取,成为华东政法学院的第二届硕士研究生,中国法制史专业,导师是王召棠教授(1926. 3. 21—2017. 2. 9)。王老师是中国著名的法律史专家,新中国法律史学奠基人之一,后来又成为学校的功勋教授。他上课思路清晰,用词严谨,我从中学到很多新知识。

2. 拿助学金读硕士研究生

那时,华东政法学院招收的研究生全为全日制。我被录取后便离开华东师范大学分校的教学岗位,变成学生身份,每月发放助学金。班里八个学生中,设党支部书记与班长各一人,蔡卫平任书记,我任班长,负责日常的班务工作。学制三年,住校读书,宿舍在河东教学楼对面的一幢白色学生公寓里。房间朝南,住三位学生,除了我以外,还有傅东辉和胡银康两位同学。

第一学年的课程特别多,除了学位课程以外,还要补上一些法学课程,以致天天有课,几乎排满。在第一、二届硕士研究生中,只有何勤华是法学本科毕业,其他学生都为非法学专业毕业。学校考虑到这一特殊情况,为大家单独补上法学课程,其中包括法理、宪法、民法、刑法、民事诉讼法、刑事诉讼法等。授课的都是学校的资深教师，有陈业精、王群、俞子清、彭万林、苏惠渔、于占济、吴会长等。上完课，还要进行考试，以百分制计算，十分严格。

第一学年的学习收获很大，不仅系统学到了中国法制史知识，还补学了一些法学课程，为以后研究中国法制史打下了坚实基础。中国法制史涉及宪法与部门法，要教学、研究中国法制史，不懂这些法律，就缺乏基本法律知识，会闹出笑话，犯低级错误，特别是其中的刑法学。中国古代法制史中含有大量刑法的内容，唐律等法典本身就是中国古代的刑法典，不学好刑法学，无法顺利进行教学与研究。我们的刑法课程由苏惠渔老师主讲。苏老师上课上得好，我也学得不错。期末考试，我们班的八位学生中，只有两位成绩是优，我是其中一位。学好刑法学为我以后中国法制史的教学与研究提供了很大的便利。

那个时候的学习风气真浓，大家都发奋学习，没有人到校外去打工、赚钱。每天早上起来，洗漱、锻炼身体以后，首先就是学外语，听外语广播。我的英语底子薄，考前补的主要是书面英语，听、讲都很差。入学以后，就与他们一起练听力，向大家学习，听力水平也渐渐提高了。

3. 硕士学位论文以唐律为主题

第二学年的课程渐少，撰写硕士学位论文提上了议事日程。当时,法学界正在开展法律协调问题的讨论。陈鹏生教授不仅精通中国法制史,而且还熟悉法理学,积极开展对中国法治问题的探索与研究。他教导我们学生要结合现实的法治问题,研究中国法制史,以史为鉴,史论结合。受陈老师的启发,我把硕士学位论文定为《论〈唐律疏议〉中的法律协调关系》。王召棠老师同意这一选题,陈老师多次具体指导论文的写作。第三学年集中力量完成此论文并顺利通过答辩。

王召棠、陈鹏生两位老师的教导与指导,使我一步步走进研究中国法制史与唐律的大门。这正如在我的《唐律新探》(上海社会科学院出版社1993年版)"后记"中所讲的:"我的硕士导师王召棠教授和陈鹏生教授不厌其烦,指导我一步步走向探索中国法制史和研究唐律的大门"。从此,我与唐律研究结下了不解之缘,这一研究从撰写我的硕士学位论文起步,以后便不断深入,产出更多成果。

三年的硕士研究学习收获很大,不仅学到了许多法学知识,还开始入门中国法制史领域,实现从哲学向法学的转型。根据在校的表现,我1983年还被评为院"三好学生"。

四、硕士研究生毕业留校
任教　博士研究生毕业
回到学校工作

　　三年的硕士研究生学习结束,学校需要师资,除一位同学以外,其他七位同学全部留校任教。1985年7月,我进入法律系的法制史教研室,讲授中国法制史课程。

(一)留校一年多后就任法律系副主任

　　留校任教在我理想之中,也开启新的人生。

1. 先任一年的班主任

　　进入法制史教研室以后,先让我做一年的学生辅导员,负责1985级7班的学生思想工作。辅导员办公室在学生宿舍楼里,与学生的宿舍连在一起,大家天天见面,很易掌握学生中的动态,工作起来十分方便。我每天上班,和学生们打成一片,建立了深厚的感情。至今还与当年的班长王龙杰和张剑光、陈子龙、薛彬、王利民、朱卫东等不少同学有联系。他们都已成为各行各业的骨干,工作有声有色。我们每次见面都有一种亲切感,讲不完的话。2019年是他们毕业三十周年,下半年专门搞了一次纪念会,我应邀参加。大家叙旧论新,很是愉快。会上,同学们还送了我一个按我比例做的塑制小人像,作为纪念。

1986年的暑假前,完成一年的学生辅导员工作后,回到法制史教研室,开始为一年级法学本科生系统讲授中国法制史课程。一共七十二课时即每周四节课,一个学期讲完。从中国法的起源讲到新中国成立前的法制,纵跨四千多年。有了三年集中学习中国法制史的经历与经验,很快站住讲台。从此,每年都为本科生讲课,坚持到六十四岁。其中,还讲授过上海法制史等选修课程。1987年7月被评为讲师。

2. 出任法律系副主任

1986年底,学校任命我为法律系副主任,分管教学。系主任是张国全教授,我的直接领导。张老师工作能力强,责任心强,每天准时上、下班,做事一丝不苟。我每天与张老师在一起，学到了不少行政管理知识，也积累了行政管理的经验。1988 年 9 月，张老师升任副院长，陆世友教授接任系主任。

此时的女儿已经上小学，我负责每天接送。一般情况下，早上骑自行车送女儿上学，然后去上班，傍晚再把女儿接回家。到了家里，女儿做作业，我做饭。寒暑假时，我与女儿都放假，天天在一起，她做她的功课，我写我的文章。这也许是做教师的一个好处，有寒暑假，孩子有人带，有人管，不用麻烦别人。

我天天要到学校坐班，自己可搞科研的时间不多，可我还是利用节假日特别是寒暑假，抓紧时间做科研，公开出版、发表了一些成果。其中，参与《中国法制通史》《中国法律思想史》两个国家社科基金重点项目的撰写；公开出版合著的著作四部，论文二十余篇，其他文章 20 篇。有的成果还有一定质量与学术影响力。比如，《略论〈唐律疏议〉中"疏议"的作用》（《西北政法学院学报》1987 年第 3 期）、《略论唐律在发展唐前期经济中的作用》（《法学》1988 年第 10 期）、《论唐律令格式都是刑法》（《法学研究》1989 年第 4 期）等。在这个时期中，我已渐渐进入独立研究中国法制史的状态，掌握了撰写、发表中国法制史论文的要领，为以后的进一步学习与研究创造了良好条件。

（二）离校攻读史学博士学位

1990年，我年满40周岁。当时规定，报考博士研究生的最后年龄是40周岁，超过这个年龄，便不能再报考。我考虑再三，决定再考一次研究生，脱产去攻读博士学位。然而，那时的上海没有法学博士点，离家到外地去学习，孩子缺少照顾，多有不便。于是，便选择了与中国法制史专业较近的中国史博士点，争取在上海攻读博士学位。离学校不远的华东师范大学正招收中国史博士生，其中有一位非常著名的导师吴泽教授。我慕名而去报考，顺利通过考试，而且分数名列前茅。

吴老师是中国史学的大家，也是少有的双博导，即中国史与史学史两个博士点的博士生导师。1990年，他共招收了三位博士生，其中两位是中国史方向，一位是史学史方向。两位中国史方向中，除了我以外，另一位是日本留学生井上聪。他毕业后，回到日本，在东京的一所大学里教书。

1. 下决心脱产读博士研究生

我选择脱产读博士研究生，下了很大的决心，因为要放弃很多。第一，放弃工资收入。由于是脱产读书，要离开学校，人事档案也要转入华东师范大学。没了教师身份，也没了工资，只能拿助学金。当时，已有家庭，还有孩子，开销不小。拿助学金显然造成了经济上的困难。第二，放弃工作岗位。报考博士研究生之前，我已有一份像样的工作，即讲师和副系主任（副处级）。去读博士研究生，就意味着要放弃这份工作。而且毕业以后要重新分配，还不知工作的下落。第三，放弃评审职称的机会。从华东师范大学分校任教开始，到报考博士研究生前，我已在教师岗位上工作了八年，也被评为讲师，离副教授不远了。一旦离校脱产去读书，也就放弃了评副教授的机会。这些放弃都很现实，也需直接面对。

我的这些放弃大家都一目了然。许多好心人都劝我不要去读，因为损失太大，得不偿失。然而，我考虑再三，还是下决心去读，宁可做些放弃。理由有三点。第一，经过几年的工作，有必要再充一次电，在学术上再上一层楼。第二，这是最后一次报考博士研究生，以后没有这种机会了。第三，家人都支持我再去读书，太太支持，读小学的女儿也支持。于是，1990年9月，我下决心离开华东政法学院，又一次回到华东师范大学去攻读博士学位。读书期间，没有硬性规定一定要住校，我也就住在家里，上课、查资料时,才去学校。

那年,华东师范大学各专业加起来一共招收七十余位博士生。外语等公共课都是大班上课,不分专业。只有上专业课时才分小班上课。吴老师当年招了三位博士研究生,课堂就设在自己家的客厅里,我们就在客厅里上专业课。每人一只沙发,师母高家莺帮助沏茶。

吴老师知识渊博,表达能力强,理论深厚,史论结合、古为今用都十分出色。上起课来,精神抖擞,滔滔不绝,时间不知不觉过去半天。这样的上课持续了一年。每次上课都是一次享受、一次收获、一次进步。

2. 博士学位论文定题为《古代东方法研究》

从第二学年开始,转入撰写博士学位论文阶段。在吴老师指导下,我的定题为《古代东方法研究》。确定这一主题主要有三点考虑。一是当时还没有以古代东方法为主题的著作,论文成果也以国别法制史为主,从整体上研究古代东方法是个创新。二是吴老师正在研究东方学,其中主要由东方的政治、经济、意识三大形态组成,古代东方法是东方政治形态中的一个组成部分,可以纳入东方学的研究范围。三是我有研究中国法制史的基础,也系统学过外国法制史,只要努力一下,可以完成古代东方法的研究。

关于我的博士学位论文，吴老师倾注了大量心血。我在《古代东方法研究》（学林出版社 1996 年版）一书的"后记"中说：吴老师"着实地指导这一论文的写作，其中包括确定论文题，拟定具体的写作计划，直至最后审定。他为此论文花费了大量的心血"。吴老师不愧是我的恩师。

3. 吴泽教授的谆谆教诲

吴老师有三件事，令我印象特别深刻。

第一件事是入学的第一次上课，对我们提出学术上的两点要求。一是每人在校期间要发表三篇以上万字论文；二是博士学位论文要在二十万字以上。而且，还专门对这二十万字以上论文作了说明：二十万字的论文可以成一本书，字再少就不像一本书；在读期间，没有其他事务干扰，写二十万字还是有时间；走上工作岗位以后，各种事务多起来，再补充论文的时间就少，困难更大。事实证明，吴老师的这两点要求很切合实际。我达到了这些要求，顺利毕业。

第二件事是告诫我们不要做书呆子。吴老师多次教诲我们要念好书，这是立身之本，但是千万别做书呆子，要关心国家大事，投身到国家建设中去。在吴老师诞辰一百周年时，我在《倾心教书　悉心育人》（《历史教书问题》

2013年第6期)一文中,回顾了吴老师教书育人的往事,其中写道:"恩师常常教导我们三人,要重视理论联系实际,不能脱离中国、世界的实际,千万不要做'书呆子'。他认为,光会读书、研究史学问题还不够,还要会运用书本知识、学术成果,去分析、解决问题,指导自己的实践。还常用'通古今指点江山,说未来经纬天地'来勉励我们。"吴老师自己不做"书呆子",也要求、鼓励我们学生不做"书呆子"。

第三件事是推荐我的博士学位论文资助出版。1993年时,像我这样的博士生要出版一本个人学术专著极其困难。吴老师对我的博士学位论文《古代东方法研究》比较满意,主动提出推荐到上海市马克思主义学术著作出版资金资助出版,还与袁英光教授一起担任推荐人。以后的推荐、评审都比较顺畅,我的博士学位论文得以资助,无悬念地出版了。吴老师鼎力支持我进行学术研究,出版研究成果的事,令我十分感动,至今记忆犹新。

4. 博士研究生在读期间收获满满

在读三年时间,收获满满。除了完成学位课程,通过博士学位论文答辩以外,还参与上海市哲社重点研究项目"上海法制发展战略研究"的撰写,公开出版我个人的第一部学术专著《唐律新探》(上海社会科学院出版社 1993年版);参编著作五部;在国内外公开发表论文十三篇,其中有七篇发表于《比较法研究》《法学》《政法论丛》《华东师范大学学报》《历史教学问题》和《曙光》(日本)。在《文汇报》《上海法制报》《湖南法制周报》《新民晚报》《劳动报》等报纸上发表文章二十六篇。这些成果中,有三篇被《新华文摘》《法学的历史》《高等学校文科学报文摘》转载、转摘。《论唐后对唐律的变革》一文获上海市优秀成果二等奖(1986—1993 年)。另外,在读期间还获得宝钢奖学金二等奖和校研究生优秀论文三等奖。这三年确实实现了我充电的愿望,在学术研究方面取得了长足的进步,为以后的进一步发展,搭建了一个很好的平台。

(三)回校后一年晋升为副教授

1993 年 7 月,毕业分配回到华东政法学院,学校领导给了回校任教的机会。我对学校充满了感激之情。算起来我校共有十余位自己培养的硕士研究生离开学校去攻读博士学位,第一个回校的就是我。心里装有华政情结,总觉得应该为学校的建设与发展贡献绵薄之力。

1. 回校后任科研处副处长

回到学校的法制史教研室继续讲授中国法制史课程。不久,决定让我担任校科研处副处长。科研处共有三人组成,处长是苏惠渔教授,还有胡耀成。我们天天坐班,早出晚归。科研工作不是太忙,项目很少,科研成果也不多,三个人能应付过来。苏老师总揽全局,我与小胡分工负责,具体落实,工作井井有条。小胡长期在科研处工作,对处里的事务了如指掌,说来头头是道,我从中学到许多科研管理知识。

2. 1994 年晋升为副教授

在科研处上班的同时,没有放弃科研,而是利用节假日等空余时间抓紧进行研究,产出成果。在回校后的一年中,公开出版主编著作一部,参编著作二部;在《政治与法律》《法学》《法学评论》《法治论丛》《华东师范大学学报》《九州学刊》《孔孟月刊》等杂志上,公开发表论文十四篇,其中有 4 篇被《中国"八五"科学技术成果选》(第三卷)《法律史研究在中国》《高校学科文科学报文摘》等转载、转摘。另外,在《上海法制报》《青年报》《劳动报》《新民晚报》《上海滩》等报刊中,发表文章三十九篇。以这些科研成绩,再加上以往的成果为支撑,我申报副教授职称,并在 1994 年 9 月通过评审。也就是说,在博士研究生毕业后的一年,便晋升为副教授。

3. 教学上有新进展

在教学上,这一年也有新进展。除了继续讲授中国法制史课程以外,还有两个突破。

一是为硕士研究生开课。当时的硕士研究生导师组长是陈鹏生教授。为了拓宽研究生的视野,丰富研究生课程内容,让我参与两门新课的讲授。其中,一门是中国政治制度史,另一门是中外法制史比较研究。中外法制史比较研究这门课由两大部分组成。第一部分是中国与古代东方其他国家法制的比较,由我讲授,其中运用了许多我的博士学位论文《古代东方法研究》的内容。第二部分是中国与西方国家法制的比较,由陈老师自己讲授。陈老师退休以后,这门课由我通讲,前后讲授了二十多年。

二是给外国留学生讲授中国法制史课程。从 20 世纪80 年代开始,华东政法学院设置用全英语讲授的中国法律课程。师资几乎全是本校的教师,学生则是不懂中文的外国留学生,课程时间为一个月,最后还有考试。考试通过后获得的学分,学生所在的法学院也认可。在暑假与寒

假期间开设这门课。开始时,学生来自美国,后来也来自
澳大利亚等国家。中国法制史是其中的一门课程,共八课
时,一天讲完,内容也在考试范围之中。博士研究生毕业
回校后,学校便安排我用全英语讲中国法制史课。开始
时,有些紧张,时间长了,也就适应了。上这门课不仅要使
外国学生听得懂,还要回答他们提出的问题。这对我是一
个不小的挑战,然而我应付过来了。从此,只要我在学校,
就每年坚持为外国留学生讲这门课,直到 2010 年。

(四)被学校派往德国帕桑大学讲学

1994 年上半年,根据学校与德国帕桑(Passau)大学
签订的合作协议,要选派一位教师去该校法律系授课,用
英语讲中国法律课程。这所大学地处帕桑市中心,原属联
邦德国地界,许多人特别是大学生都会讲英语。我申报并
获得成功,于 1994 年 11 月以客座教授的身份到达该大学
法律系讲学。德国的合作导师是孟文理(Ulrich Manthe)
教授。他主讲罗马法和德国民法两门课。曾在德国驻中
国大使馆工作过八年,能讲一口流利的中文,也研究一点
中国法制史,对中国学者比较友好。他指导的学生中,有
多人学过中文,也会讲点中文。我的教学任务由他安排。

1995 年 11 月,我完成讲学任务,按时回到学校。

1. 在帕桑大学系统讲了两门课

在德国帕桑大学的一年中,两个学期各开一门课,先系统讲中国法律体系课,后讲中国法制史课。其中,还开设了一些讲座,包括"中国新宪法的修改""中国刑法的新发展""中国婚姻法的原则""中国律师制度""中国的法律教育"等。这些课程与讲座打开了学生们了解中国法律的视野,我也因此而得到了回报。

回国后,我发表了《给德国学生讲中国法律》(《上海法制报》2016 年 1 月 12 日)一文。文中说:"到了德国以后,我发现德国学生对中国的法律知之不多,或者根本不知。""我的辛勤劳动得到了德国学生的回报,其中使我感到欣慰的是,他们常报以用手敲桌子声。这是德国学生特有的鼓掌形式。每到此刻,我心里总是甜滋滋的,感到满足。"在德国帕桑大学法律系讲学是我第一次出境讲学,积累了一些到境外大学讲学的经验,为以后的出境讲学积累了经验。

2. 利用寒暑假到德国其他城市与其他欧洲国家旅游

德国的大学一年中设为两个学期,每个学期上十五周的课,其他时间是放假,寒暑假的时间都很长。学生们会利用放假去实习、写论文、做调研,甚至打工赚钱付学费。教师则休假、搞科研。我就利用这段时间到欧洲国家旅游。先到德国的其他城市去旅游,其中有柏林、法兰克福、波恩、特利尔、科隆等城市。

柏林是德国统一后的首都,要去看一看。到柏林去,免不了去看柏林墙的残垣。柏林墙在德国统一浪潮中被拆除,但还留有一些残垣,墙上画满各种彩色的花纹、图案,由于没有统一规划,花纹、图案都十分凌乱。靠近原东柏林处设有一个柏林墙博物馆。我在《寻找柏林墙》(《青年报》1996 年 2 月 3 日)一文中写道:这个博物馆"介绍它(柏林墙)的历史及有关一些问题,其中有一些大块柏林墙陈列在那里,它被作为历史的一部分而被保存着。同时,在这个博物馆的出口处,还有柏林墙的碎片可买。碎片约为 2 个大拇指指甲的面积,装在一个四方的有机玻璃盒子里,价格是 10 马克(1 马克约为 6 元人民币)。"柏林墙和德国的分裂与统一在德国历史上均留下了不可抹去的一页。

到特利尔去是为了参观马克思故居。特利尔地方不大。城里的布吕肯大街 10 号是马克思 1818 年 5 月 5 日出生的地方,他一直在此住到 1835 年高中毕业。这是一栋典型的巴洛克式的三层楼房,建于 1727 年。1928 年,德国社会民主党人用近十万马克从私人手中买下这栋房子的产权,几经周折,到 1947 年 5 月 5 日马克思诞生 129 周年时作为纪念馆对外开放。

我在《马克思第一故居》(《新民晚报》1996 年 1 月 15 日)一文中讲到了参观人员的情况和展馆布局,"至 1982 年 3 月从世界各地来这里参观的人数已超过 20 万。"至于这栋房子的布局,文中继续讲道:"第一层是接待室,第二层保留着马克思出生的房间";"第三层展出了马克思一些重要著作的手稿和早期版本。"马克思故居已成为全球许多人士前往瞻仰的地方。

利用寒暑假,我还旅游了德国周边的一些国家,其中包括:奥地利、卢森堡、比利时、荷兰、法国。到这些国家旅游有两个便利之处。一是我的硕士研究生同学傅东辉留校任教以后,自费到比利时读研究生,毕业后在比利时布鲁塞尔的一家律师事务所找到工作,拿到绿卡,定居在那里。我就住在他家,以布鲁塞尔为中心到周边国家卢森堡、荷兰、法国去旅游。这些国家都是申根条约的签订国,有了德国的签证,就可在它们那里通行。

二是奥地利紧靠帕桑市,只要取得半年以上帕桑市的居留证明,就可越境去奥地利旅游。我就利用这两个便利,到这些国家旅游,第一次大开眼界,了解到欧洲的一些风貌与人情。这些国家虽然各有自己的语言,但到旅游景点,英语足够使用,畅行无阻。从中我也体会到学习英语的好处。

一年以后,完成学校交给我的讲学任务,我途经香港,回到学校。根据在德国搜集到的资料,撰成《论清末德国法对中国近代法制形成的影响》一文,发表于《学术季刊》1996 年第 2 期,后被人大复印资料《法学》1997 年第 1 期全文转载,在学术界产生了影响。

五、担任法律系主任　评上教授

1996年1月,我被任命为法律系主任,再次成为双肩挑人员。班子中,还有总支书记刘正浩,副主任傅鼎生和王俊民。当时的法律系是学校里最大的一个系,教师多、学科多,学生也多,人称"华政的半边天"。我们这一届班子成员人心齐,干劲足,合作很愉快,系的工作也蒸蒸日上。

(一)做了几件有意义的工作

在法律系工作的四年时间里,做了许多工作,比较有意义的是以下几件。

1. 修改教学大纲

我任法律系主任期间,教学上的一件重要的事是对法学专业教学大纲的修改。

随着中国法治发展与各种法律的出台,我校法学专业的教学大纲明显滞后,修改这一大纲被提上了议事日程。教务处长吕淑琴主持了修改大纲会议,各系的主任等相关人员都参加了会议,已经到上海人大任职的孙潮教授等也参加了会议。这是一次十分重要的会议。

借鉴了东吴大学法学院等的教学计划,我提出了把一门民法课分为总则、物权、债权、婚姻继承等几门课上的设想。这样有利于夯实法学本科生的法学知识,突出民法学的地位,提高认识问题与解决问题能力。这一设想得到了与会者的认可,成为这次修改法学专业教学大纲的最大亮点。从那以后,我校的这一大纲始终坚持如一,没有再作大的改变。考虑到必修课总学分的限制,民法课作为必修课,学分的增加,必定要对有些课程做调整,即从必修课调整为选修课。经过谨慎考虑与认真讨论,立法学等课程从必修课调整为选修课。

修改后的法学专业教学大纲把一门民法课分为几门课上的安排,在其他政法院校、系产生了共鸣,有些学校也先后效仿。事实证明,这样的修改不仅具有现实性,还具有前瞻性。2020 年 5 月 28 日,第十三届全国人大代表大会第三次会议通过了《中华人民共和国民法典》,民法学课程正好可以与其衔接,充分发挥民法学教学的作用。

2. 成功申报中国审判方式改革研究的课题

我在任法律系主任期间,科研中的一件重要之事是申报成功中国审判方式改革研究课题。

为了促进系里的科研,申报各类项目不可或缺了。20世纪 90 年代,国家社科基金项目不仅项目少,还经费少,有两万元的经费已经很了不起了。也就在此时,美国福特基金会在中国设立科研项目,张乐伦是法学项目的负责人。经校领导牵头与引见,我代表法律系并作为课题主持人,申报"中国审判方式改革研究"项目,经费是五万美元。项目组成员以法律系民诉法、刑诉法教师为主,还有司法实际部门的法官、检察官、律师等一起参与。

经过激烈竞争,终于在 1998 年获得这一课题并正式启动。在考察阶段,先后于 1999 年 12 月与 2002 年 4 月组织两批课题组成员共二十人左右,前往香港的相关单位进行考察,其中包括香港的高等法院、律政司、监狱、律师事务所、香港大学、香港城市大学等等,还与香港的法官、律师等进行座谈,了解英美法系的审判方式。这是我们系第一次派出这么多教师到境外考察,大家受益匪浅。香港法律教育基金会的负责人陈小玲女士对考察做了精心安排,王俊民和傅鼎生两位老师也做了许多工作,效果也很好。我们都很感谢他们。

项目的最终书面成果主要由论文与著作组成。我自己公开发表了《审判方式改革与司法廉政建设》(《人民法院报》1994 年 4 月 20 日)和《论清末审判方式的改革》(《法制与社会发展》1999 年第 4 期)等论文。著作主要是三部。其中,有两部是关于刑事审判方式改革研究和民事审判方式改革研究,主编分别是胡锡庆和金友成两位教授。另一部是关于中国审判方式改革研究的文集,由我主编,书名是《中国审判方式改革研究》(上海社会科学院出版社 1999 年版)。此部文集收录了三十九位作者的三十二篇研究成果,内容涉及中国审判方式相关的方方面面,其中包括了中国审判方式改革的原则、审判委员会、法官的素质、直接与言词原则、陪审员制度、判决书的制作等。这个项目按时结项,皆大欢喜。

3. 每年出版法律系的学术文集

那时,不少法律系教师发表论文有困难,无法与其他学者进行交流。这成为系里科研工作的一个瓶颈。为了突破这一瓶颈,我与系的其他领导一起商定,用系的一部分创收经费,资助出版学术文集,专门刊载本系教师的学术论文。每位教师都可根据自己的专业，撰写有学术价值的论文，特别是对中国当代法治建设有启发、借鉴价值的论文，字数在万字以上。

通知下发以后，教师们的科研积极性大增，纷纷撰写论文，产出成果。在大家投稿的基础上，系与出版单位上海社会科学院出版社共同确定用稿，保证文集的学术质量。从 1997 年开始，每年出版一本，取名分别是：《法学新问题探索》(1997 年)、《法学新问题研究》(1998 年)、《跨世纪法学问题探研》(1999 年)。我离开法律系到学校任职后，法律系继续出版这一文集。文集中的论文数略有增加，第一本是二十四篇，以后便上升至近三十篇。

法律系各学科都有教师发表论文于这套文集，法理学、法律史、宪法学、民法学、刑法学、行政法学、诉讼法学、法律文书等，无一例外。如今的教授中，许多人都曾在那套文集中发表过自己的作品。丁以升、苏晓宏、何勤华、丁凌华、李秀清、殷啸虎、王月明、傅鼎生、高富平、黄武双、李锡鹤、张贤钰、许莉、苏惠渔、刘宪权、杨兴培、何萍、孙万怀、沈福俊、叶青、王俊民、刘正浩、牟逍媛、潘庆云，还有我本人，等等，都是如此。这套文集也就在法律系广大教师的参与、支持下，越办越好，质量也越来越高。现在出版文集已不是稀罕事，十分常态化，可在 20 世纪，还是一件不易之事,法律系做了尝试,也获得了成功。

4. 建立三卡制度

法律系教职工多,授课、管理任务重,十分辛苦,系应该有关心、慰问的表示。1996年,我与班子的同事讨论决定,建立三卡制度,以表示系的关心与慰问。这个制度是一种运用每年向教职工发放三卡的方式,关心、慰问教职工,与他们保持联系的一种制度。三卡指分别在教师节、生日与新年(元旦)发放的贺卡。由系办公室具体操作,通过邮局寄送,在生日、教师节、元旦前夕送到教职工家中。每年三卡的图案都有变化,都不相同。

教职工们收到贺卡后,十分高兴,既感到新鲜,也感到温暖。许多人收到后,通过电话等方式对系表示感谢。我与同事们都认为此事很值。因为,教职工们认可了这一制度,系里的表示被大家接受了。从此以后,这个三卡制度就坚持下来。小小的三卡拉近了管理人与教师之间的距离,大家的联系更为密切,沟通也更为方便了。

三卡制度的落实主要是系的办公室,办公室成员要承担每年三次买卡、寄卡的任务,每次都要寄发百余张卡,增加了他们的工作负担。可是,办公室人员毫无怨言,年复一年地落实这一制度。在工作繁忙之时,人手紧张,他们还会开动脑筋,请勤工俭学的学生帮助,填写教职工的家址,写上祝福的语言。我从心底里感激办公室人员对系里工作的支持与做出的贡献。

这几件有意义的工作开展以后,系的工作状况发生了明显变化,也得到了学校和教师们的首肯。包文捷曾在《直挂云帆济沧海》一文中说:"这几年,法律系的教学、科研、凝聚力工程都取得了引人注目的成绩。法律系师生为法律系评功摆好时,王(立民)教授总是有口皆碑的人物之一。"①

(二)破格评为教授

1996年下半年,上海市又开展职称评审工作。可是,1994年下半年,我刚评上副教授,要评教授,年限不够,只有破格才行。根据自己的教学、科研情况,我充满信心,申报教授。盘点当时的科研成果,主要是:个人专著《古代东方法研究》,参编著作4部;在《法学》《政治与法律》《学术季刊》《历史教学问题》等刊物上公开发表论文六篇,其中有三篇被人大复印资料等全文转载。另外,在《上海法

制报》《沪港经济》《青年报》《劳动报》等报刊上，还公开
发表文章四十五篇。

当时，我校没有评审副教授、教授的权限，参评人员都
需参加上海市的职称评审。通过评审后，发给副教授、教
授的资格证书，取得相应资格。然后，学校再根据需要，聘
以相关职称，即评聘分开。这与我校现在的评聘合一不一
样，因为学校已有了自己评审副教授、教授的权限，省略了
到上海市去评审的程序。那年，上海市还规定，参评教授
人员都要经过面试，时间定在申报职称的第二年上半年。
我在 1997 年的上半年参加了面试。

面试的地点设在上海铁道大学。面试团队的召集人
是我校的苏惠渔教授，参加面试的专家中，还有我校的曹
建明教授、上海外贸学院的周汉民教授、上海海事学院的
於世成教授、上海大学的陈汉生教授等。其中，只有陈汉
生教授是中国法制史学科的专家。面试过程中，主要由陈
汉生教授提问，我如实作了回答。后来，苏惠渔教授在学
校遇见我，对我说，那天面试的回答很好。我很高兴。接
着，就耐心等待最后的评审结果。好消息终于传来，我通
过了评审，破格评为教授，时间是 1997 年 6 月。这一年，
我校虽有多人参与教授的评审，但只有我一人是破格，这
也许是对我付出努力的一种回报吧。细算起来，我从博士

研究生毕业到评上教授,只花了四年时间。

(三)坚持教学与科研

以前,我虽然担任过法律系副主任、科研处副处长,都属于双肩挑人员,但时间都不长,而且都是副职,协助正职工作。在担任法律系主任以后,就要独当一面,全面负责系的行政管理工作,责任更重,压力也更大了。这是一种锻炼,也是一种新的挑战,好在有同事与教职工的大力支持与帮助,工作比较顺利,自己也适应了这样的岗位。那时,我天天到学校上班,处理各种事务,工作十分忙碌,不敢有一点松懈。遇有问题,及时与大家商量,共同面对与解决。总体上讲,系的管理工作开展得比较顺当。

1. 坚持教学

同时,我还是一位教师,要完成教学、科研任务,否则年终考核会有问题。这个时期中,我的教学出现了以下一些变化。首先,开设了一些新课。除了坚持开设中国法制史课程外,还开了一些新课,其中有中国法律思想史、唐律研究、法文化专题研究等。授课的对象主要是本科生,也有研究生。其次,开始指导硕士研究生。评上教授以后不久,我就成了硕士研究生导师。从 1998 年开始,指导中国法制史的硕士研究生。至 2018 年共招收、指导了五十八位硕士研究生,其中四十位是法学硕士研究生,其余是法律硕士研究生。最后,新开设了一些讲座。根据不同的教学对象,还结合中国法治发展的情况,到高校、国家行政机关、司法机关、企事业单位等,讲授了以中国依法治国问题、中国审判方式改革研究、司法改革与司法公正、干部的法律素质与依法治国等为主题的一些讲座,为法治建设做了一些宣传工作。

由于学校的教师不足,师资缺乏,我主动承担了超额的教学任务,有些年份的课时量超额在 300% 以上。1997年 4 月腰椎压缩性骨折以后,我也没有退下讲台。《直挂云帆济沧海》一文还这样讲道:"除了主持法律系的领导工作外,他始终站在教学第一线,每年都超额完成教学工作量。尤其是这几年,年年都超额 300% 以上。可贵的是,即使生病,他依然坚守在讲台上,从不退缩。1997 年 4月,他患第一节腰椎压缩性骨折,可还是忍痛坚持到校上课,未缺一次课。"我始终把教学作为自己的本职工作、立身之本,站在教学第一线。

2. 坚持科研

在坚持教学的同时,没有放松科研,继续利用节假日特别是寒暑假，集中精力搞科研。在申报教授职称以后至1999年底前的三年中，仍有一批科研成果面世。其中，出版个人专著《上海法制史》，主编著作一部，参编著作七部；在《法学》《法制与社会发展》《政治与法律》《华东政法学院学报》《南京大学法律评论》《中国文化月刊》《曙光》等期刊上公开发表论文二十九篇，其中有三篇被人大复印资料等全文转载。另外，还在《人民法院报》《上海法制报》《劳动报》《青年报》《新民晚报》《沪港经济》等报刊上，发表文章六十六篇。

在这一时期，还获得了一些省部级学术成果奖，其中有：司法部优秀科研成果奖二项，上海市哲学社会科学优秀成果论文类二等奖一项。这些科研成果的取得可谓一举两得，不仅在学术上有长进，还促进了教学，进一步提高了教学质量。

在这一时期，还获得一些荣誉称号，主要是：全国优秀教师（1998年）和国务院政府特殊津贴（1999年）等。这是对我工作的肯定。我从中得到了鼓励和鞭策。

在任法律系主任的四年中，在行政管理、教学、科研等领域都得到了锤炼，也都有进步，是我人生中一个不寻常的时期。

六、走上副院长(副校长)岗位 完成双肩挑任务

　　1999年12月,司法部下文,调整华东政法学院的领导班子,我被任命为副院长。党委书记是祝林森教授,院长是何勤华教授。2000年1月,正式走上新的工作岗位。2007年,学校更名为华东政法大学,我任副校长。这是一种新的挑战,也是一种新的考验。当时确定我分管本科教育、继续教育和国际交流三块工作。之后,由于工作需要,还短期分管过人事、审计等工作。另外,还兼任过校学术委员会委员、校学位委员会委员、校务委员会委员、《法学》杂志主编、科学研究院常务副院长、知识产权研究中心主任、《知识产权法研究》主编等职。尽管工作比较繁忙,可还是坚持教学与科研,一点也没放松,以致成了一位名副其实的双肩挑人员。

（一）努力做好分管工作

我分管的三块工作，主要涉及教务处、继续教育学院和国际交流处三大职能部门，其中都有一些比较重要工作。对于这些工作，我紧抓不放。

1. 两次迎接教育部组织的本科教学评估

我校是一所以本科教育为主的多科性大学，本科教学地位举足轻重。在全国扩招的大背景下，从 2000 年开始，我校招收本科生的人数逐渐增多，本科教学的任务渐渐加重。为了保证教学质量，教育部开展本科教学评估工作，先后于 2002 年与 2008 年两次派评估专家组来我校进行评估。评估的结果将会对学校的今后发展产生影响，大家都很重视，疏忽不得。

我分管本科教育，也就负责具体的迎接评估工作。这一工作费时、耗精力，有些环节必须抓好，否则就会出差错。

首先，做好评估前的准备工作。这需要全校动员，做好思想、组织、措施等各项准备工作。其中包括：提高对评估的思想认识、准备好各种与评估有关的数据、整理出各种佐证资料、撰写自评报告、安排参加评估的接待人员等。这项工作要用半年以上时间。

其次，迎接评估专家进校评估。评估专家进校后，其成员要开展各项评估工作，包括审阅评估报告、查阅相关资料、召开各种类型的座谈会、到教室听课、走访有毕业生的单位等。总之，与本科教学有关的一些重要、关键环节都在他们的关注、评估范围之中。这些环节，都有我校的人员参与、帮助落实。

最后，落实评估专家组提出的整改意见。评估专家组在校的评估时间为一周左右，离校前会提供一份评估报告，其中会提到需要整改的地方。学校就需要认真讨论、研究这些整改意见，改进本科教学中的不足，提高本科教学水平。2008年那次评估后，针对存在的问题，学校还专门拟订了《华东政法大学本科教学工作水平评估整改方案》，其中提及三项整改措施，即要加强师资队伍建设、优化和整合学科的专业结构、深化教学改革。之后，学校就从这三个方面进行了整改，取得明显成效。

我直接参与、指导了本科教学评估工作，忙于处理各种事务，在第一线解决出现的各种问题。我总觉得这类评估必须充分体现我校在本科教学中取得的成绩与真实情况，因为这种成绩是经全体教职工与广大学生共同努力的结果,千万不能因为我的工作不到位而有所闪失。应该对学校、全体教职工与学生负责,把真实的本科教学情况全面、如实地展现给评估组专家。两次本科教学评估都取得好成绩,最后结论都是"优秀",没有辜负全校教职工、学生的努力与期望。

教务处的同事们在两次本科教学评估中,历经辛苦,不畏困难,全力以赴,不计得失,加班加点,我至今都对他们抱有感激之情。正是这支团队的奋力工作,与其他各相关部门的通力合作,我校的评估成绩才能保持优秀,充分表现出我校本科教学的真实水平与实力。我在其中尽到了自己的职责,始终坚守岗位,从不懈怠。第二次评估时,还住在松江自己的办公室,随时处理反馈的各种问题,始终处在紧张状态。这次评估任务完成后,发现一颗大牙已经松痛到无法保留的程度,只能到医院拔除。不过与大家的付出相比较,实在是微不足道了。

2. 扩大对外交流

学校地处上海,对外交流是学校发展的必要条件。对外交流工作涉及许多方面,接待境外的来宾必不可少。由于分管工作的需要,境外的大多数来宾都由我来接待。在这一过程中,除了要介绍学校的近期发展情况外,还要洽谈有关的交流合作事宜,包括交流项目,甚至签订协议。谈完以后,通常会邀请来宾参观校园,共进午餐或晚餐。交流的语言为英语。尽管他们来自不同国家,但英语是大家共同的沟通语言。我可以用英语与他们直接对话。

接待较多的境外来宾是境外大学的副校长、法学院院长和著名的专家教授。繁忙时,一天会接待两批来宾,甚至更多。接待的来宾中,有些是重要人物。2001 年接待的加拿大总理克雷蒂安是加拿大的国家领导人,也是学校历史上唯一接待过的在任外国国家领导人。除此以外,还有一些重要来宾。比如,加拿大首席大法官贝克拉克林(2000 年)、世界检察官协会会长敷田稔(2000 年)、荷兰议会第一院议长阿尔特斯(2001 年)、泰国最高行政法院院长阿卡拉通(2001 年)、巴基斯坦最高法院首席大法官哈桑(2001 年)、美国最高法院大法官奥康纳(2002 年)、国际宪法学协会主席桑德斯女士(2007 年)、威拉姆特大学校长波尔顿(2009 年)、韩国安山大学校长金德中(2010年)等。他们的来访不仅增进了彼此的了解,也扩大了我校的影响。

2000—2010 年的十年中,我校的对外交流工作发展速度很快,成为学校工作中的一个亮点。这里以签订的合作协议、备忘录为例。有统计显示,从 1987 至 1999 年的十二年中，我校与国外的大学共签订合作协议、备忘录十四份，涉及美国、英国、比利时、德国、荷兰、埃及和日本等一些国家的大学。在 2000—2010 年的十一年中，我校与国外大学签订的合作协议、备忘录增至七十八份，新增了爱尔兰、法国、意大利、瑞典、加拿大、澳大利亚、俄罗斯、新加坡、韩国等一些国家的大学。这些协议与备忘录基本上都得到了落实，我校的合作交流规模明显扩大。

这里还要提及的是，在这十一年中，我校招收的攻读学位外国留学生人数，在上海高校中一度名列前茅。上海的高校每年要招收不少外国留学生，但绝大多数为学习语言的留学生，即是学习中文的留学生，而学习专业并取得学位的留学生很少。我校则相反，招收学习专业的外国留学生较多，仅 2010 年就有五十人，其中三十五人为本科生，十五人为研究生。涉及法学、国际经济与贸易、行政管理、新闻、社会保障、政治学与行政学、产业经济等专业。我校为上海高校招收专业学位生作出了榜样，国际交流处也去介绍过相关经验。

随着对外交流的扩大，出访境外高校也势在必行。出访的人员中，有校、院领导，也有教师和管理人员。我作为分管领导也出访过一些境外的国家和地区。其中包含了美国、加拿大、澳大利亚、新西兰、俄罗斯、日本、韩国、新加

坡、印度尼西亚、泰国、马来西亚等一些国家。之后，又走
访了法国、意大利、摩纳哥、梵蒂冈等一些国家和地区。到
这些国家和地区出访的任务主要是：参加相关会议、洽谈
合作项目、签订合作协议、了解派遣学生情况与解决存在
问题、讲学等。比如，2006 年 6 月，赴日本青山学院大学，
受聘为客座教授，开设了关于中国法制现代化为主题的讲
座；2009 年 9 月，赴美国马歇尔法学院洽谈项目等事宜；
等等。在与境外的交流中，进一步了解了世界上法学教育
与研究的状况，促进了学术交往，有利于推动学校的建设
与发展。

3. 做好国家司法考试评卷工作

2005 年，我校受司法部委托，承担国家司法考试的评
卷工作。负责日常评卷工作的办公室设在继续教育学院，
我又分管继续教育工作，做好这一评卷工作就成了我工作
中的一个重要组成部分。

国家司法考试评卷工作的任务很重，要负责客观题第
一、二、三卷的扫描和主观题第四卷的全部评阅工作。来
自全国 32 个省（市）和解放军的试卷数量很多。据 2005
年的统计，共有 833 箱，总共 34232 袋；扫描试卷 972280
份，评阅试卷 243070 份。接送的人员多达 200 余人次。

整个评卷工作含有多个程序:试卷返送、扫描、评阅、复查、保管、销毁等。另外,还有组织评卷人员的工作。比如,组织本校的评卷人员,聘请、接待命题专家,确定标准答案,讲解评分细则,监管评卷质量,处理违纪事宜,等等。总之,国家司法考试评卷工作是个系统工程,也是一件复杂工作。

而且,这个工作涉及许多考生的权益,又与全国司法考试的权威性相关,不能出现差错,要对国家、考生负责,工作的责任性很重。面对这一重要工作,我与同事们逐渐探索,不断总结经验,改进不足,稳步推进。经过多年的实践,我总结了做好国家司法考试评卷工作的三大关键。

第一,要准备充分。在正式评卷之前,各项相关工作都要考虑到,做好充分准备,不能有遗漏。这一准备工作的量很大,涵盖硬件、软件各个方面。从评卷地点的确定、设备安装与调试、试卷的存放、到评卷场所保安制度的建立、进出评卷地点人员的控制、评卷人员的培训等,一样都不能少。少了其中的任何一项工作或稍有疏忽,都会对评卷工作产生不利影响。因此,在评卷开始前,这些工作都须认真准备,做到万无一失。

第二,要严格监管。评卷开始以后,评卷质量就成了重中之重。为了这一质量,监管不仅不能缺位,还须严格。每位一线评卷人员背后,都有监管。监管由专业教师负责,通过电脑获得的数据进行分析,得出评卷质量的评估结果。如果发现评卷质量达不到要求,就会找评卷人员谈话,要求其改正。屡谈不改者,就会被撤换。实践证明,监管效果很好,是保证评卷质量的关键环节。

第三,要认真总结。每年的评卷工作结束以后,我与同事们都要认真总结,既看到取得的成绩,也要找到不足,以便下一年度改进。在需改进的问题中,涉及过评卷场所的调整、评卷电脑的更新、评卷人员的选定、评卷监管的方法与力度等一些问题。这些问题都得到顺利解决,评卷质量始终得到有效保证,没有出现过纰漏。

我在评卷工作还需处理其他一些问题。比较多的是接受司法部的指导,及时地汇报与请示;与校内其他部门的工作协调,在设备与人员上取得支持;与技术支持公司的沟通,及时解决一些相关问题;等等。另外,我除了每天都到评卷第一线处理相关问题外,还自己上机评卷一次,体验评卷工作,了解命题与评分标准等一些情况,便于工作的开展。

长年以来,我校的国家司法考试评卷任务每年都圆满完成,年年受到司法部的赞扬。这既是对我校国家司法考试评卷工作的肯定，也是一种鼓励。其中，继续教育学院的同事们付出了很大的努力，也十分辛苦。他们对待工作一丝不苟，十分认真，长年如一日。我与他们的合作十分愉快，大家互相支持，同心协力，一起做好评卷工作。

4. 筹备我校的五十周年校庆

2002年，正值我校五十周年校庆，是个大庆。校党委决定由我这个主持学校行政工作的副院长具体负责校庆的筹备工作（何勤华院长到中央党校学习一年）。这项工作自2001年就开始启动，前后延续了一年时间。活动前，确定的指导思想是：以五十周年校庆为契机，全面回顾五十年的历程，总结法学教育的发展规律，进一步增强凝聚力和社会知名度，推进我院的改革和发展。总体原则是：隆重热烈，节俭务实，集中领导，各司其职。

（1）为校庆活动筹款

校庆准备工作的开展需有资金的支持。当时，学校定下一个基本精神是凡是校庆工作的经费开支，全部依靠筹款，不使用行政经费。这有很多好处。一是不挪用学校的行政经费，不影响学校日常工作；二是让更多人参与到校庆活动中来，扩大学校的影响力；三是显示校友的实力，表达"华政情怀"。之后的实践证明，这些好处都得到了实现。

2001—2002 年的上半年,校庆筹备工作的一个重点是筹款。我自己去一些筹款单位、个人处,商谈相关事宜,一个地方一个地方地跑。这一工作得到了大家的支持,特别是校友的支持,筹款工作进行得很顺利。其中,上海的检察院、法院、国安局等机关积极参与。还有上海的中信正义律师事务所、交大昂立股份有限公司、国浩律师集团(上海)事务所、毅石律师事务所、段和段律师事务所、通力律师事务所、水中花假日酒店、浦景餐饮管理有限公司和香港的孖士打律师行等单位与个人,赞助了这次校庆活动。总金额超过二百万元。校庆活动中,实际支出了一百多万元,剩下一百万用于学生的奖学金了。

(2)制订与落实校庆活动计划

五十周年校庆活动不是一两天的事,而是由系列活动组成,前后要持续一个月左右时间,因此不能没有计划。而且,这一计划在校庆活动前,就公布于众,不能出现差池、闹出笑话。除了校庆当天的庆典以外,还包括学术研讨会、学术讲座、文艺演出、中外交流项目洽谈、校友回校相聚等。计划中,出席活动人员、活动地点、活动时间、组织活动人员等,都要考虑周到,不能撞车,引起冲突。而且,临时发生变化,还要及时调整,因此还要留有备案。由于精心筹划,计划全部落实,无一遗漏。

在制订计划中,有一项重要工作是征集领导的题词与贺信。学校走过五十年历程,在许多领导关心、关怀、关照下成长起来,有必要征集他们的题词与贺信,为学校的进一步发展提出希望与要求。然而,这是件困难之事。于是,就发挥大家的积极性,通过各种途径,与领导取得联系。这一征集工作非常成功,许多党和国家领导人题词与发来贺信。这成为校庆庆典中的一个亮点。

计划中,还有一项重要工作是印刷、出版画册与相关书籍。这为学校五十年发展存下图片与文字资料,不仅是一种纪念,更是留下一段历史。画册中,最重要是一本五十周年的图册。它突出学校的教师风貌与建筑,即大学中的两大要素:大师与大厦。书籍主要是六本,分别是:《法学教育与司法改革》《五十年回眸》《华东政法学院教师论文集》《韬奋楼放歌》《寸草集》《岁月留痕》等。其中的《法学教育与司法改革》由祝林森和何勤华主编,上海社会科学院出版社出版,全方位记载了这次校庆活动的情况,内容有:题词与贺信、庆典大会文萃、"法学教育与司法改革"研讨会论文文集、"政法人才的培养与使用"研讨会文集、校庆活动指南、研讨会合办与协办单位、赞助单位、祝贺校庆的单位和个人、校庆活动总结报告等。计划中的画册与相关书籍全部按时印刷、出版,直观反映了近二十年前校庆的盛况。

(3)校庆活动圆满落下帷幕

持续一个月以后,五十周年校庆活动圆满落下帷幕。校庆活动结束以后,学校作了总结,形成总结报告。报告首先回顾了校庆活动的五大组成部分,分别是:筹措资金、文字工作、宣传工作、纪念品制作和出版纪念文集等。接着,介绍了一些较为重要的学术讲座与学术研讨会。学术讲座的主题有"法律职业化在中国的兴起""中国立法的现状与展望""中国司法改革的主要课题""21世纪的刑事司法理念""法治的两种理念"等。学术研讨会的主题有"政法人才的培养与使用""罪刑法定与我国刑事司法"等。报告总结了这次校庆活动的三个特点,分别是观念新、组织好和水平高。报告在最后部分还阐述了三大体会:即党委的正确领导、全院师生的全力支持,是此次校庆活动取得成功的保证;转变观念、开拓创新,是此次校庆活动取得成功的前提;紧密结合学校改革发展,是此次校庆活动取得成功的关键。

在这里,还要提及的是,学校的校训也在这次校庆期间被确定下来,即"笃行致知 明德崇法"。

综观这次五十周年校庆活动,得到的结论是:"在院党委、行政的正确领导下,在院各职能部门的通力配合下,在广大师生的全力支持下,整个校庆活动取得了圆满成功。"①在一片满意声中,校庆活动圆满落下帷幕。校办与其他部门的同事们积极参与了这次校庆活动,付出了大量心血。时任校长办公室副主任的刘丹华和校办的单国君、张卓华(法律系)、童珊(外语系)等都是如此。正是由于大家形成的工作合力,才使校庆活动圆满成功。我作为此次筹备活动具体工作的负责人,也感到欣慰。

在我分管的十一年中,学校的本科教育、继续教育与国际交流等工作都取得了长足的进步,达到了新的高度。

(二)没有放松自己的教学工作

在做好行政管理工作的同时,我没有放松自己的教学工作,也没有忽略自己的双肩挑身份,仍然坚持在教学的第一线,继续站在讲台上,坚持为学生授课。为了保证有充分时间做好分管工作,我把研究生课程安排在晚上讲,尽量不冲击分管工作。这段时间,我的教学工作发生了一些变化,主要体现在以下几个方面。

---

① 祝林森、何勤华主编:《法学教育与司法改革》,上海社会科学院出版社2003年版,第457页。

1. 中国法制史课程以大班上课为主

我的本科中国法制史课程以上大班为主,有这样三大原因。第一,随着扩招的推出,我校招收的本科生成倍增长而师资不足。1979 年,我校招收第一届本科生,人数才310 人;2000 年,增加至 1499 人;2010 年已达到 3171 人。本科生大量增加,但教师数则增长很慢,上中国法制史课程的老师也是如此,出现了"供不应求"情况。第二,中国法制史是法学主干课程,每位法学本科生都必须学习这门课程,而且还安排在第一学年上,听课学生人数很多。第三,学校在 2000 年前就实行学生选课制,由学生选自己想选的授课教师去听课。我上的中国法制史课程往往被许多学生选中,人数就比较多。于是,就用我校松江校区最大的教室讲授中国法制史课程,一次可容纳三百人。实际情况是,听课人数往往超过三百人,还有学生加座听课。他们喜欢听我上课,对我的课程给予较高评价,在每次评教中,我的分数在同行中,往往名列前茅。那时,每年都开展学生评选"我心目中的最佳教师"("十佳教师")活动,我在 2004 年、2005 年、2007 年、2009 年、2010 年都入选,在中国法制史教师中绝无仅有。

大班上课在扩招时期缓解了教师不足的困难,是一种权宜之计。不过,这种授课形式在世界上也普遍存在,就是发达国家也一样。2001年,我受邀出访美国,去考察诊所法律教育。这是一种在法学院教师指导下,在学校的固定场所,学生像律师那样办理真实案件,把法学理论与社会实际结合的实践教育方式。纽约一所著名大学从事诊所法律教育的教授告诉我,开展诊所法律教育成本很高,不仅赚不到钱,还要贴钱;但上民事诉讼法课可以赚钱,因为是三百人的大课。这位教授在法学院既上诊所法律教育的课,又上民事诉讼法课,平衡了教育成本。

大班授课后,听课的学生就多。学生多,老师记住学生难;学生记住老师仍易。十余年后的今天,有时还会在校园遇到一些学生主动与我打招呼,说是我的学生,上过我讲授的中国法制史课,还受益多多。我碰到这些学生,听到他们这样讲,心里甜滋滋的,因为我的努力得到了学生的肯定。

2. 开始为博士研究生上课与指导博士研究生

我校的第一个博士点是1998年批准的国际法学,2001年获得了第二个博士点法律史,同年我成为博士研究生导师,招收了五位博士研究生。之后每年招生,直至2018年,一共招收了七十二位。在招收博士研究生的同时,也开始为他们上课。第一学期上"中国法制史研究"
课,第二学期上"唐律与唐代法制"课。这两门课都是七
十二个学时,即每周上四节课,共上一个学期。课程的内
容都以我自己的学术研究为基础,有公开发表的成果作支
撑。比如,在"中国法制史研究"课中,有关于中国法制史
研究的回顾与展望、中国的法律思想与法律制度、中国刑
罚制度沿革、中国传统司法的几个重要问题、辛亥革命与
法制、中国租界法制研究等一些内容,都是如此。在"唐
律与唐代法制"课中,有关于唐律研究的成果与评析,唐
律的条标、"疏议"的作用、唐律的法律性质、唐律的原则、
唐律中的婚姻继承问题、唐律刑讯制度述评等内容,也是
这样。这些授课内容都在我个人的著作或论文中能够找
到,因此讲博士研究生课程,我心中有底,不会发生意外。

博士研究生的学制为三年,第一年要上课,第二、三年
都是写博士学位论文。我除了为他们上第一学年(两个
学期)的课以外,大量时间是指导他们学习,重点是指导
他们撰写博士学位论文。在论文的选题上,我尊重他们的
选择,商定后才正式确定下来。如果他们没有更好的选
题,就会引导他们往我研究的方向上靠,研究同一个领域。
那时,我着重研究中国租界法制与中国法制史学史,有些
博士研究生就以它们为主题撰写学术论文。比如,王红梅

的论文中有上海会审公廨的内容,洪佳期的论文以上海公共租界的会审公廨为主题,练育强的论文以上海租界的近代城市规划法为主要内容,姚远的论文以上海公共租界特区法院为主题,张彬的论文以上海英租界巡捕房制度为题目,等等。又比如,张维新的论文以中国古代的法制史学史为主题,周会蕾的论文则以中国近代的法制史学史为题目,等等。他们的学位论文不仅质量较高、有创新,还都纳入我主编的"中国法制史研究"和"地方法制史研究"两套丛书,公开出版,受到好评。

这样,博士研究生研究的方向和博士学位论文的主题就比较集中,也与我的研究领域比较一致,一个研究团队也逐渐形成了。有了这支团队为基础,就十分有利于申报各类项目。之后,我申报、主持的有些项目就从中获益,其中包括司法部项目"中国法制史学的演进与思考"(2012年)、国家社科基金一般项目"租界法制与中国法制现代化研究"(2014年)和国家社科基金重大招标项目"中国租界法制文献整理与研究"(2019年)等。在这些项目中,我的博士生都有参与,甚至成为子课题的负责人。我的付出得到了回报,他们支持了我项目的申报与开展。

3. 成为博士后合作导师

2003年,学校获批成立法学的博士后流动站,2004年

81

开始招博士后。我自 2005 年招收第一个博士后,至 2014 年,一共招收了二十九位博士后。与这些博士后的合作很高兴,也很成功。在确定博士后报告的命题与写作、发表前期成果等合作中,大家都达成默契,相互支持与理解。至今,我们都保持联系与交流,其中的严宇鸣出站后,还在工作岗位上交出令人满意的答卷,于 2020 年被评为"上海市马克思主义理论教学研究'中青年拔尖人才'"。

4. 担任中国法制史硕士研究生导师组组长

2002 年,陈鹏生教授退休,他的中国法制史导师组组长一职由我接任。我的这一任职一直持续到 2019 年 12 月,才由洪佳期老师担任。在任导师组组长期间,根据形势的变化,开展了一些新的工作。

第一,调整了教学计划。依据学校的相关要求,调整了中国法制史硕士研究生的教学计划,替换了一些新课程,比如,中国法制史史料学、唐律精读与研究、法文化与现代法制等。在增设的课程中,有些是从科研成果中转化而来,突出了我校的特点。最显著的是"上海租界法制研究"和"中国法制史诸问题探研"两门选修课。讲授这两门课的教师都是我指导的留校博士生,讲课的内容都以自己的博士论文为基础。这两门课分段讲授,每人讲授其中的一部分,由几个人的讲课合成。这使整个计划更贴近中国法制史学科。

第二,增加硕士研究生的招生人数。随着大学扩招的步伐,硕士研究生的招生人数也有所增加,包括中国法制史硕士研究生。在 1981 年至 2002 年的二十一年间,中国法制史硕士研究生一共招收二十七人;扩招以后招生数量增加了,自 2010 年起,每年都要招收十人以上,多时达十七人,2011 年就是如此。招生人数增加,毕业人数也增加,就业的压力就比较大。然而,我们毕业生的就业状况很理想,几乎全部就业。去向多样化,有考取博士生,到司法机关、行政机关任职,也有到银行等企业就职。就业的比例往往高于有些实体法的硕士研究生。为此,我们中法史硕士点还得到过学校评选的研究生就业先进奖,2020 年我还被法律学院评为"就业工作先进个人"。

第三,指导硕士研究生的种类增加。除了全日制中国法制史硕士研究生外,还增加了法律硕士和同等学力两个种类。法律硕士研究生在修完法律硕士研究生课程后,可选择毕业论文的方向,有选择研究中国法制史方向并撰写硕士学位论文方向的硕士研究生,就需由我们导师组的导师进行指导。同等学力的研究生先在业余时间学完学校组织的课程,通过国家组织的法学综合课和外语课的考试,再通过申请专业学位课程的考试,就可申请撰写硕士学位论文。如果选择中国法制史专业,就需由我们导师组的导师进行指导并撰写论文,通过论文答辩。这两个品种的增加,突破了原来单一的全日制培养模式,形成了多样性格局,教学任务也因此而加重了。

在这一时期,我还为刑法专业的硕士研究生开"唐律研究"这门课,目的是让他们知晓中国古代刑法。刑法的硕士研究生人数比较多,有满满一个大教室。上课的内容是以现行中国刑法为线索,讲授唐律中的规定,增长他们刑法史的知识。这样,我就一度在同一学年中,开设三门有关唐律的课程,而且内容完全不同。法律史博士生的"唐律与唐代法制"的内容以讲我已发表的唐律论文为主,重点在讲专题与理论。中国法制史硕士研究生的"唐律精读与研究"则重点讲读唐律的律文,让学生了解唐律律条的内容与含义。刑法专业硕士研究生的"唐律研究"便是以中国现行刑法为线索,对照讲授唐律的规定,让他们学习中国刑法史的内容。这三门课都是以唐律为主题,但内容差异明显,因专业、层次不同而不同。

在我任中国法制史硕士研究生导师组组长的十七年中,我们导师组的情况发生了不小的变化。但是,有陈老师打下的良好基础,再加上导师组成员的支持与帮助,我们导师组的工作一直在向前推进，与时俱进。

（三）没有放松自己的科研工作

在这一时期中，行政管理事务十分繁忙，工作时间无暇考虑科研问题，只能在业余时间从事科研，主要还是下班后、节假日，特别是寒暑假期间。我很珍惜这些时间，可以说是分秒必争，一点都不浪费。科研主要围绕项目、成果、评奖三大领域展开，也是评估体系中的三个重要方面。

1. 积极申报项目

无论是哪类项目的获得，都要申报。没有申报，项目不会从天上掉下来。凡是上海市以上的项目，我都积极申报，总共申报成功十九个项目。其中大量的是上海市的项目，包括：上海哲学社会科学项目两项，上海教育科学项目六项，其他项目六项。还有一些是其他部级项目，包括：教育部教育科学重点项目一项，司法部项目两项，中国法学会规划项目一项，最高人民法院重点项目一项。这些项目都按时完成、结项。

我是这些项目的负责人，但每个项目的背后都是一个团队。团队成员中，有我的同事，也有我的学生。我负责总体设计,确定具体分工,把握研究进度,总成项目成果。同时,我也自己撰稿,负责其中的一些部分。成果发表时,作者就由我和项目组成员共同签名。长年来,与大家的合作都非常愉快,从来没有发生过任何纠葛。这是研究项目能够顺利开展的一个重要原因。

我负责的研究项目的成果最终都以著作、论文等形式公开出版、发表,与同行们交流。比如,上海市哲学社会科学项目"法文化与构建社会主义和谐社会"(2005年)的研究成果,就由北京大学出版社2009年出版,书名也是《法文化与构建社会主义和谐社会》;教育部重点教育科学项目"完善中国教育法律体系研究"(2006年)的研究成果,也以同名在杜志淳主编的《教育法制与依法治国》(上海人民出版社2008年版)一书中发表。

在这里还要提及的是我主持的"诊所法律教育研究"项目。这也是个美国福特基金项目,始于2000年,每年经费是一万元人民币,前后持续了十余年。这个项目主要是支持在我校开展诊所法律教育。我校的这门课是选修课,每学期开设一个班,人数在四十人左右。先上理论课程,主要是办案理论与技巧,然后再在教师指导下,办具体案件,最后总结办案经验与体会。

这门课把法学理论与实践结合起来,很受学生们欢迎,收获也很大。正如有些学生讲的:"在法律诊所中学到的这些技巧、技能,是很难系统地、完善地在其他法学教育课程中学到的,而这些又是我们以后走上工作岗位所必需的。"①学生们有收获,我就很高兴。这个项目也有我的阶段性成果发表,《诊所法律教育与相关法律教育关系论纲》(《华东政法学院学报》2002年第5期)是其中之一。

各类科研项目的申报成功,为开展学术研究、产生研究成果进而申报奖项作了前期准备。

2. 努力产出科研成果

在科研三大领域中,核心是成果。申报项目要产出成果,其是完成项目的标志;没有成果,不能结项。评奖也是科研成果的评奖;没有成果,根本无法参与评奖。我十分重视把自己的研究成果转化为著作与论文,公开出版、发表,接受社会的检验。在这段时间中,出版个人著作六部,分别是《唐律新探》(第二版,2001年)、《上海租界法制史话》(2001年)、《法律思想与法律制度》(2002年)、《古代东方法研究》(第二版,2006年)、《唐律新探》(第三版,2007年)、《唐律新探》(第四版,2010年)。其中的《唐律新探》(第三版)于2010年被韩国庆北大学校历史教育科

---

① 王立民:《法律史与法治建设》,法律出版社2017年版,第356页。

的任大熙与全永燮翻译成韩文,在韩国印行。主编各种著作三十二部,副主编著作五部;参编著作七部,加上其他总计五十四部。收获不小。

在这一时期,发表的论文、文章也有不小的收获。其中,在《法学研究》《中国法学》《政法论坛》《法学评论》《法学》《法学杂志》《政治与法律》《社会科学》《学术季刊》《探索与争鸣》等刊物上,发表论文八十六篇;在各种文集中,发表论文三十九篇;在《法制日报》《解放日报》《文汇报》《社会科学报》《上海法治报》《大公报》等报纸上,发表论文四十九篇;在《法学论集》(韩国)、《曙光》(日本)、《US-China Law Review》(美国)等国外刊物上,发表论文四篇。另外,还在《人民法院报》《新民晚报》《劳动报》等报纸上,发表各类文章二十篇。这些论文与文章中,有十九篇被《新华文摘》、人大复印资料的《法学》和《政治学》及《法学的历史》《读者》《中国剪报》等全文转载。

那时发表的论文主要围绕三大方面展开。第一方面,承担项目的研究论文。承担各类项目以后,会有中间成果或最终成果以论文形式发表。这方面论文都与项目挂钩,由项目的议题而定。除了《完善中国教育法律体系研究》外,还有:《上海教育法规体系及其执法监督机制研究》

（2003年）、《加入WTO与中国审判方式改革》（2003年）、《对建立健全志愿者的组织机制的思考》（2004年）、《法律援助与"诊所法律教育"》（2005年）、《上海租界的现代法制与现代社会》（2009年）、《上海的现代法制与现代城市发展》（2010年）等。

第二方面，因管理工作需要而撰写的论文。在副院长、副校长岗位上，要出席校内外的各种会议，包括一些研讨会。然而，有些研讨会讨论的主题并不是中国法制史，与现实关系比较紧密。在这种情况下，我也会因地制宜，自己撰写论文，在会议上交流。（在任副院长、副校长期间，出席校内外各种会议，我都自己写发言提纲或发言稿，不请秘书代笔）这方面论文的主题涉及面比较宽，根据会议需要而确定。这些论文包括了：《完善反恐立法　有效打击恐怖主义犯罪》（2003年）、《上海社区法制宣传教育述评》（2005年）、《中国法学教育热议问题的再思考》（2008年）、《陆资入台的法制准备》（2010年）、《普法：城市法治化的基石》（2010年）等。

第三方面，自己研究领域的论文。除了应对项目和管理工作需要而撰写的论文外，还有就是在自己研究领域中写作的一些论文。这是自己"自留地"的成果，凭着自己的爱好和体会，形成了学术论文。这方面论文往往与我的兴趣联系在一起,论文的定题也由自己确定,不受其他方面的制约。这方面论文包括:《新上海第一年刑案述评》(2000年)、《也论中华法系》(2001年)、《论唐律的礼法关系》(2002年)、《中国古代刑法与佛道教》(2002年)、《论重视新中国法制史教学》(2002年)、《〈寄簃文存〉的唐律研究》(2003年)、《上海土地改革立法与近郊农村的发展》(2005年)、《中国的租界与法制现代化——以上海、天津和汉口的租界为例》(2008年)、《也论马锡五审判方式》(2009年)等。

不管是哪方面的论文,论文的主题与内容都有创新,发表的期刊多为核心期刊。这些论文从一个重要侧面反映了我在这一时期的研究领域与动向。

3. 主动参与科研评奖

我国设立的科研奖项不少,每过一段时间,就会有奖项推出,让大家申报。其中,部级奖项主要是教育部、司法部和上海市的奖项,还有其他一些奖项。遇到有评奖的机会,我都会主动申报,尽管不是每次申报都能获奖。参与科研评奖有多重好处:可以检验自己科研成果的水平,达到什么程度;可以促进学科发展,为学科建设加分;可以提高学校的整体水准,增强学校的科研实力;等等。因此,科研评奖受到专家、学者的高度关注，大家都积极参与。我也不例外。

在这十一年中，我参与并获得的科研奖项主要是以下这一些。上海市哲学社会科学优秀成果奖、邓小平理论和宣传优秀成果奖一、二、三等奖共五项；司法部优秀科研成果奖一项。另外，还获得中国法律文化研究成果奖一项，上海市社联学术成果奖五项，上海市法学会学术成果奖两项，等等。

（四）收获了一些教育类的奖项和荣誉

这一时期，我还收获了一些教育类的奖项和荣誉。

教育类的奖项建立在本科类、硕士研究生、博士研究生等教育的基础上，是一种教育类的综合性奖项。其中，又分为教材奖、教学成果奖、教育科研奖等。获得的奖项有：国家级教学成果奖二等奖一项；上海市教学成果奖一等奖两项，二等奖与三等奖各一项；上海市优秀教材奖二等奖、三等奖各一项；上海市教育科研成果奖一等奖与三等奖各一项。

还有一些是荣誉与称号。主要是：上海高校首届教学名师（2003 年）、上海市第六届教育科研先进个人（2005

年)、国家精品课程"中国法制史"负责人(2007年)、上海领军人才(2009年)、当代中国法学名家(2009年)等。

这些奖项和荣誉、称号的取得是我和同事们共同努力的结果。在大家的参与、支持与帮助下,才能获得,决非我一个人所能成就。这一点我心中十分清楚。

(五)做好社会服务工作

大学有为社会服务的功能,大学教师应该为社会服务作出贡献。我作为大学教师中的一员,也应如此。尽管分管工作、教学与科研工作叠加,比较繁忙,可需要时,我还是尽可能地作出安排,为社会服务尽自己的一份责任。

1. 做好各类兼职组织中的工作

此时,我在各类兼职组织中的工作比较多,包括了各种学会、委员会等组织。其中,比较重要的有:教育部高等学校法学学科教学指导委员会委员(2001—2012年)、中国监狱学会监狱史学专业委员会副主任委员(2001—2006年)、中国法律史学会执行会长(2003—2008年,第七届)、上海市政治学会副会长(2003—2013年)、上海市政法委执法督察员(2003—2008年)、国家司法考试协调委员会

委员（2004—2011 年）、上海市婚姻家庭研究会副会长
（2006—2016 年）、中共浙江省委建设"法治浙江"专家咨
询委员会委员（2006 年）、全国高等教育自学考试指导委
员会第四届专业委员会法学类专业委员会委员（2008
年）、上海海峡两岸法学研究中心副理事长（2010 年）等。
在这些兼职中，主要是开会，决策咨询一些相关问题，但也
有一些是实质性的组织活动，举办年会是其中之一。

在任中国法律史学会执行会长期间，就组织过一次年
会。那是在 2006 年，以华东政法学院与新疆大学法学院
的名义，共同承办了这一年的年会。我代表华东政法学院
具体安排、组织、落实了这次会议。会议在同年 10 月的
14—15 日，在乌鲁木齐召开，主题是"中国历史上的法律
与社会发展"。会议就"中华法系与法律文化""传统法律
的近代转型""中外法律史比较"等问题展开了讨论，二十
位学者在会上作了主题发言。来自全国二十一个院校和
科研院所的近百位专家、学者参加了会议，提交了五十余
篇论文。2007 年，论文汇集成册，取名为《中国历史上的
法律与社会发展》，由吉林人民出版社公开出版。会议取
得圆满成功。我当时的博士生王沛参与了这次年会的具
体筹备工作，付出了大量心血。

另外，在任全国高等教育自学考试指导委员会第四届

专业委员会法学专业委员会委员时期,也组织过一次年会,会议在上海举行。我校继续教育学院的同事们一起参与组织了这次年会。

2. 做好咨询员、顾问等兼职工作

我在那个时期,还被一些单位聘为咨询专家、顾问等,需要承担相应的工作。被聘的单位和工作主要有:上海市工商行政管理局虹口分局专家咨询员(2002 年)、上海市教育系统职工法律援助中心法律顾问(2002 年)、上海市第二中级人民法院专家咨询员(2002 年)、上海市奉贤区人民检察院法律咨询专家(2002 年)、上海市反恐工作顾问(2003 年)、安徽省蚌埠市中级人民法院顾问(2004年)、上海黄浦区人民检察院咨询专家(2005 年)、浙江省杭州市中级人民法院咨询专家(2009 年)等。这类兼职不少,但实际工作并不多,以开会提建议为主,占用我的时间也不多。不过,每次出席会议,我都认真准备,发表个人意见,做好自己的工作。

3. 履行兼职教授、客座研究员等职责

在这段时期,我还被一些高校、研究机构、培训机构聘为兼职教授、客座教授等。主要有:上海检察官培训中心

客座教授(2001年)、浙江财经学院兼职教授(2001年)、甘肃政法学院客座教授(2002年)、上海市立法研究所客座研究员(2003年)、华侨大学兼职教授(2004年)、浙江万里学院兼职教授(2005年)、"东方讲坛"特聘教师(2006年)、江苏省法官培训学院兼职教授(2008年)等。主要工作是讲学。只要有需要,能抽出时间,我都会前往,完成讲学任务,履行自己的职责。

4. 参与各种评审工作

这一时期中,参与了校外多种评审。尽管这类评审要求高、时间紧、数量大。我作为评审专家,每次都能按时、按量、按质完成任务。其中包括:第四届上海市高等学校教师高级职务任职资格评审委员会法学学科评议组成员(2000年)、第四届上海市决策咨询研究成果奖专家评审委员会委员(2001年)、江苏省"十五"期间高等学校重点学科评审专家(2001年)、首届"上海市检察业务专家"评审委员会委员(2001年)、上海市首届"东方大律师"评选委员会委员(2006年)、上海市学位委员会第四届学科评议组成员(2010年)等。对于这些工作,我从不马虎,认真、公平地进行评审。

5. 开设各种讲座

我还接受高校、机关、企业等的邀请,开设一些讲座,主题与内容具有多样性。讲座的题目中有:"推进司法体制改革 促进司法公正""构建和谐社会与法治建设""诊所法律教育研究""法治建设与社会和谐""中国的法治与社会""司法改革与司法公开""上海的现代法制与现代城市发展""中国法制现代化研究""中国法制演进中重大问题再思考""中国法律史前沿问题""中国转型时期的法治建设"等。从这些题目中可见,多数与当时的法治建设关系比较密切,带有法治宣传性质。也有少量题目与中国法制史与法学教育相关,更注重学术性,听课的人员也是大学中的教师与学生。由于讲座的内容与听讲座人员不同,所以需要做精心准备,保证讲座的质量。这花费了不少工夫。

在为社会服务方面,留有一点遗憾。这就是,在这一时期放弃了办案业务。我于1986年,参加了中国第一次律师考试,顺利通过,也取得了律师证。执业单位是上海市第四律师事务所,后改名为上海市中信正义律师事务所。以前,办过少量案件,可这一时期则没办。虽具有律师执照,但不再办案,有点遗憾。

　　在任副院长、副校长的十一年期间，十分繁忙。首先，要做好行政管理工作，还要兼顾教学、科研和为社会服务，很少有休闲时间。不过，这四个领域中，都有收获，可以说是"四丰收"。在这里，要特别感谢我的家人，太太陈瑞君和女儿王胤颖。她们给予我大力支持，承担大量家务，使我无后顾之忧，全力做好应该做的每一件事情。

七、退出校领导岗位　成为全职教师

2011 年 1 月,由于年龄的原因,我退出校领导岗位,不再担任校党委常委和副校长,成为一名全职教师。此后,有两次到校外任职的机会。一次是一所 985 大学的领导来找我,希望我担任该校的法学院院长。另一次是一位双一流大学的领导来问我,是否愿意去一所民办大学任校长。我都婉言推辞了,只想在学校集中精力从事教学与科研工作。

2019 年 1 月,办理退休手续,进入返聘阶段。2020 年 4 月,年满七十周岁,学校的返聘结束。目前,处于退而不休状态,继续从事国家社科基金重大招标项目"中国租界法制文献整理与研究"的研究。按计划,该项目应于 2025 年底前完成、结项。

（一）继续从事教学工作

2011年以后，我继续从事教学工作，其中包括：本科生、硕士研究生与博士研究生的教学工作。

1. 本科生的教学工作

为本科生上的课程有两门。一门是必修课，即"中国法制史"，另一门是选修课"诊所法律教育"。

"中国法制史"课程除了继续为本校的本科生上外，还为西部班的学员上。为了支持西部的法学教育，我校承担了中央政法委安排、来自西部地区学员的教学任务。他们来自宁夏、贵州、陕西、甘肃、云南、青海、广西等西部地区，都已本科毕业，只是专业不同，有些学员毕业于非法学专业。来我校系统学习法学课程是为了进一步提高法学理论的水准，便于通过国家司法考试，成为检察官、法官等法律职业共同体成员。他们很珍惜到我校学习的机会，十分好学，听课认真，善于思考，组织纪律性也非常强。上这一类型班的课，不用去维持课堂秩序。学员们对我的讲授也十分满意，评估时打的都是高分，有一次是一百分。这种情况在教学评估中很少见。我们之间教与学的合作十分成功,也很愉快。

"诊所法律教育"课是三十六课时,我通常讲第一讲,题目是"诊所法律教育研究",主要内容包括了诊所法律教育的定义、起源、作用,美国诊所法律的长处与不足,诊所法律教育与教学实习的区别,要注意的问题,等等。还有点像是绪论,但内容比绪论宽泛些,有论的因子。之后的课程内容就以办案的技巧为主,利于学生们在课后开展办案实践。

2014年,我年满六十四周岁时,上完最后一次本科课程,退出本科讲台。当时,我还真有点依依不舍离开那站了近三十年的本科讲台。幸运的是2013年,我校的中国法制史课程入选教育部的国家精品资源共享课,我是负责人。这一共享课上了教育部的网站,学生们可以上网看到我们中国法制史课程的影像资料。

2011年3月,我被教育部确定为马克思主义理论研究和建设工程("马工程")重点教材编写专项《中国法制史》的首席专家。这个"马工程"是根据2004年1月的《中共中央关于进一步繁荣发展哲学社会科学的意见》和《中央宣传思想工作领导小组关于实施马克思主义理论研究和建设工程的意见》而启动、开展。成为其首席专家要经过面试与竞争,我幸运地胜出。后来我发现,在那年公开的名单中,法学的十四门课的三十八位首席专家中,上海仅有我一人。2017 年"马工程"《中国法制史》教材出版并开始被广泛使用,2019 年又出版了第二版。

2. 硕士研究生的教学工作

继续为中国法制史专业的硕士研究生上课。其中,第二学期上"唐律精读与研究"课,第三学期上"中外法制史比较研究"课。上课时间仍沿袭以前的做法,安排在周二晚上,这样可以不影响白天的工作。2020 年上半年是最后一次课,可由于新冠疫情的原因,被推迟在下半年上。上完这一学期课,也就结束了我的硕士研究生的课程,以后不再系为他们讲课了。上课结束后,硕士研究生们还专门找了个时间,大家拍照留影。

这一时期,硕士研究生课程上的一个变化是,邀请校外专家为大家讲课。我邀请上海一些著名专家和到上海出差外地的著名专家,给学生们讲课,扩大他们的学术视野。邀请的上海专家中,有复旦大学的王志强教授、上海师范大学的蒋传光教授、上海档案馆的马长林研究员等。邀请到上海出差的外地专家中,有清华大学的林来梵和聂鑫教授、西北政法大学的汪世荣教授、天津财经大学的侯欣一教授等。他们授课与学术水平都很高,学生都很喜欢,并从中受益。这说明我讲授的硕士研究生课程是开放性课程,会吸纳一些校外专家为学生讲课,提高课程品位。

同时,继续指导硕士研究生。这十年中,我共招收、指导了十四位硕士研究生。在读期间,他们都认真学习,顺利完成学业,有人还获得市优秀毕业生(宋伟哲、邱滨泽)、校优秀毕业生(金淑媛)、上海市优秀硕士学位论文(黄毛毛)等荣誉称号。毕业后的去向有司法机关、武警部队、行政机关、企业、律师事务所,还有三位学生去攻读博士学位(宋伟哲、邱滨泽、庞蕾),继续深造。希望他们都能再接再厉,在自己的工作、学习岗位上,成为佼佼者。

3. 博士研究生的教学工作

这十年中,仍然为法律史专业的博士研究生上课。其中,第一学期上"中国法制史研究"课,第二学期上"唐律与唐代法制"课。上课时间依然在周一晚上,同样是为保证白天的工作时间不受影响。随着我校博士点和方向的增加,法律史招生人数逐步萎缩,从2003年招收的二十四人减少到2019年的十人。上课人数少了,师生之间的交流也会更多些。通常,我会在课堂上提出一些相关问题,与学生们一起讨论。他们可以发表自己的学术观点,我也可以讲自己的观点,互相切磋。讨论中,如果不能形成一致观点，也不强求，以百花齐放、百家争鸣为原则。另外，邀请到校外专家来上课，也会安排他们也去一起听课，增长知识。

指导博士研究生的任务比较重，不仅要指导学生完成博士学位论文，还要指导、帮助他们完成毕业前发表的论文。我校要求，每位博士研究生在读期间，至少要发表五篇论文。其中，至少要一篇 C 刊（CSSCI 期刊）和一篇核刊（核心期刊），这对有些博士研究生来说，有一定困难，特别是发表 C 刊和核刊。这就需要指导，包括论文的题目与结构、内容。论文成稿后，还要提出修改意见，直至达到发表水平。接着，还要帮助他们找到发表的期刊，使他们完成发表论文的任务，进入学位论文答辩阶段。

博士研究生的学位论文是他们三年学习的结晶，也是他们学术水平的直接体现。我对这类论文格外重视，悉心指导，重点在于定题与大纲的设计。定题一般由我与博士研究生共同商定，避免与前人定题的重复，也要避免定题太大或太小，要与一篇博士学位的容量相符合。大纲的设计同样非常重要，直接关系到论文框架结构与内容的确定。定题与大纲安排妥当，论文的基础就打好了，再进行写作也就不会有大的意外发生。在这一过程中，要反复推敲，往往要多次来回，多的会有五次以上，一直要到满足为止。

在这十年中,我招收、指导的博士研究生有二十人,分别来自普通高校、军事院校、司法警察学校、行政机关、司法机关等单位。已经毕业学生到各类学校任教的为多,占了一半以上。无论在什么岗位上,我的博士生们都在发挥自己应有作用,为国家的法治与建设事业贡献自己的智慧与力量。

(二)继续从事科研

在这十年中,我已无行政管理事务的缠绕,可以放手从事科研,也取得了长足的进步。

1. 扩充了自己的学术研究体系

在 20 世纪,我初步形成了自己的学术研究体系。这个体系从法制史的不同层级上进行构建,而且都有自己的代表作。以上海法制史为基础的中国地方法制史研究,代表作是《上海法制史》。以唐律研究为基础的中国中央法制史研究,代表作是《唐律新探》。以古代东方法为基础的东方法制史研究,代表作是《古代东方法研究》。除了著作以外,还发表了一系列论文,共同托起这一体系。

这十年中,我的这一学术研究体系得到了扩充,主要在两个方面有所突破,即中国租界法制与中国法制史学史(学术史)方面的突破。

关于中国租界法制研究。最早接触的是上海租界法制。那是在我读硕士研究生期间,参加了一个关于上海近代法制史的项目,负责撰写上海租界立法部分。课题完成后,我对这一法制的研究不仅没有放弃,而且还在深化。在我的《上海法制史》一书中,有三章专门阐述上海租界立法,另外在法律渊源、警政机关、审判机关、监狱和律师等章中,也都有关于上海租界法制的内容。2006年,我的《上海租界与上海法制现代化》一文在《法学》上发表,标志着对上海租界法制的研究更具学术性。2008年,《中国的租界与法制现代化——以上海、天津和汉口的租界为例》一文在《中国法学》上发表,标志着我的研究目光从上海租界法制扩大到中国租界法制。这以后,有一系列关于租界法制的论文发表,其中包括《中国城市中的租界法与华界法》(2011年)、《百年中国租界的法制变迁》(2015年)、《中国租界法制与中国法制现代化历程》(2015年)、《中国租界的法学教育与中国法制现代化》(2016年)、《中国租界法制诸问题再研究》(2019年)、《中国租界防控疫情立法与思考》(2020年)等。另外,2016年还由法律出版社出版了我的《中国租界法制初探》一书。中国租界法制研究成了我学术研究中的一个新增长点，在研究体系里也占有了一席之地。

关于中国法制史学史研究。中国法制史学史是中国法律史研究中的一个重要组成部分，是对中国法制史研究成果的梳理、分析、评估与展望。缺少中国法制史学史，就易使中国法制的研究失去方向，甚至难免重复研究，失去学术价值。此外，改革开放以后，中国法制史研究的成果成倍增长。在这种情况下，有必要也应该对其进行研究，产出一些史学史成果。

我从 2011 年开始，把自己的一个学术关注点投向中国法制史学史，先研究改革开放以后的一些领域并发表了论文，其中包括：《中国租界法制研究的检视与思考》（2012 年）、《中国地方法制史研究的前世与今生》（2013 年）、《中国唐律三十年》（2014 年）、《也谈中国法制史学史》（2015 年）等。之后，又扩大了中国法制史学史的视野，把整个新中国的法制史学史都纳入进来，发表了《中国法制史研究 70 年若干重要问题》（2019 年）、《中国唐律研究 70 年三个重要问题》（2020 年），并主编了《中国法制史研究 70 年》一书，于 2019 年由上海人民出版社出版。这两篇论文和一本书的出版标志着我对中国法制史学史的关注点已贯通整个新中国，不仅局限于改革开放以后了。

我对中国法制史学史的学术贡献没有停留在史学史层次，而是更高层面，即中国法制史学史研究的层面。这是对中国法制史学史成果的进一步研究。中国法制史学史的成果在改革开放以后不久，便逐渐以论文形式呈现，但中国法制史学史的研究成果却迟迟没能产生。我在这方面作了尝试与研究，发表了《中国法制史学史三十五年》(2016 年)一文，并被 2017 年第一期《新华文摘》(数字版)全文转载。我占领了中国法制史学史研究的高地，到目前仍未见有类似成果出现。我的一系列中国法制史学史成果凸显了我研究体系上的突破，新增了一个成长点。

到目前为止，我的学术研究体系除了原有的地方法制史、中央法制史和东方法制史外，还加入了中国租界法制和中国法制史学史两个组成部分。2017 年"百度"网介绍了我的研究领域，说我是："中国租界法制史、地方法制史与法制史学史等领域的开创者之一，国内唐律研究的重要代表人物。"此话比较中肯。这也说明，这十年中，我的学术研究体系有了发展，也得到了学界的认可。

2. 在项目、成果与获奖方面都有所进步

这十年里,我在项目的申报、成果的产出和获得的奖项等方面都有进步。

首先,在项目的申报方面有进步。这种进步集中反映在这样三个方面。第一,申报成功国家社科基金一般项目。以往我申报成功都是省部级项目,没有国家社科基金项目。2014年,申报成功国家社科基金一般项目"租界法制与中国法制近代化研究"(14BFX019),在申报项目方面取得了进步。第二,成为国家社科基金重大项目的子课题负责人。以前,我没有从事过国家社科基金重大项目的研究,也没有担任过子课题负责人。这一时期,担任了两个子课题负责人,分别是:"法律文明史"(11&ZD081)第十一子课题"近代中国法"的负责人,"坚持党的领导与依法治国统一的互动关系研究"(14ZDC004)第二子课题"坚持党的领导与科学立法互动关系研究"的负责人。我校把这种子课题也算作国家社科基金一般项目。这也是一种进步。第三,申报成功国家社科基金重大招标项目。2019年,我申报成功国家社科基金重大招标项目"中国租界法制文献整理与研究",成为首席专家。为此,还有人称我是"校内荣休以后成功申报国家社科基金重大课题

第一人"。这三个方面的进步都是从无到有的进步，是一种实实在在的进步。

其次，在成果产出方面有进步。这十年中，我成果产出的进步主要表现在这样三个方面。第一，著作的出版上有进步。除了《中国租界法制初探》以外，还出版了个人的新作《中国法制与法学教育》(2011 年)、《法制史与法治建设》(2017 年)。还有四部个人著作出版了新版。它们是：《唐律新探》(2016 年，第五版)、《上海租界法制史话》(2017 年，第二版)、《古代东方法研究》(2019 年，第三版)、《上海法制史》(2019 年，第二版)。这些再版的著作在内容上都有明显扩容。比如，《上海法制史》原为三十一万余字，再版后扩容至六十万字。另有五部主编著作出版。除了《中国法制史研究 70 年》以外，还有：《上海租界法制研究》(2011 年)、《上海法制与城市发展》(2012 年)、《法学的历史》(第 2 卷，2012 年)、《"西法东渐"与近代中国寻求法制自主性研究》(2015 年)、《中国法制史》(2016 年)。副主编著作有：《中国法制史》(2017 年、2019 年)。这些主编、副主编的著作，我都直接参与撰写并认真履行主编、副主编职责，没有挂名之作。

第二，论文的发表有进步。论文发表的进步主要体现在期刊的档次与数量上。除了继续在《法学研究》和《中国法学》上发表论文外,还在被学校认定为权威期刊的《中外法学》和《学术月刊》上发表了论文五篇,这是以往所没有的。发表的期刊档次在提升。另外,这一时期共发表了论文九十二篇,其中有四十六篇属于 C 刊(不含权威期刊),数量上多于以往。不仅如此,论文被转载的情况也有进步,共有十七篇被《新华文摘》(数字版)、人大复印资料的《中国近代史》和《法理学 法史学》《红旗文摘》《中国社会科学文摘》《法治参阅》《上海社会建设研究》等转载、转摘,年平均数也多于过去。另外,在《法制日报》《人民法院报》《上海法治报》《档案春秋》等报刊上发表文章以及为各种著作所写的序共计四十余篇。

第三,智库的成果有进步。以前,我也撰写过少量智库成果,但没有得到领导批示。这十年中,已有两份智库成果,分别获得两位部级领导的批示,而且都有相关情况的反馈。其中,一份是《上海公共租界应对疫情立法史鉴》。上海市人大常委会一位副主任作了批示,其法工委出具了落实的证明。另一份是《东吴大学法学教育新鉴》。上海市政协一位副主席作了批示,其办公厅出具了"领导同意批示反馈"的证明。这两个智库成果都是我为首席专家的国家社科基金重大招标项目的阶段性成果,也是把学术研究与智库成果结合起来的作品。

第四，在获奖方面有进步。这十年中，我获得的主要科研奖项有八项。其中，有两项为以前所没有。一项是教育部第六届高等学校科学研究优秀成果奖（人文社会科学）三等奖（2013年），另一项是第十四届上海哲学社会科学优秀成果论文类一等奖（2018年）。这两个奖项填补以往奖项中的空白，进步十分明显。

在这十年中，科研的项目、成果与获奖方面都有所进步，与我对科研的精力投入成正比，多投入就多成果。鉴于我在退休后的表现，2020年度被校离退休部门评为"优秀共产党员"。这既是一种鼓励，也是一种鞭策。

3. 超额完成"韬奋学者"与"人才特区"的任务

学校为了进一步推进学科建设，促进优秀科研人才脱颖而出，为专职教师设置了"韬奋学者"岗，并分为一、二、三级岗。这三级岗位的申报与评估要求都不一样，一级岗要求最高，三级要求最低。每三年一个任期，任期结束后，要进行评估、验收。2011年，我申报了"韬奋学者"二级岗。2013年评估、验收时，我超额完成科研任务，超过一级岗水平，于是科研处的同事们称达到超一级岗水平。

从2014年开始，"韬奋学者"岗停止。以后，又推出"人才特区"计划，前后共实施了五年，我也都每年申报，每年超额完成任务,受到奖励。这种情况在学校里很少见。

(三)负责校志编纂的日常工作

2010年,上海启动第二轮市志编纂工作,我校的校志纳入专志系列,于2016年上半年进入实质性工作阶段。校志编纂委员会是校志编纂的领导机构,由党委书记与校长担任主任,副书记与副校长担任副主任,各二级部门的行政领导担任委员。委员会下设秘书长,由我担任。编撰委员会下设校志编纂工作组,我任组长,负责日常的编纂工作。除了主要问题的决策由编纂委员会拍板以外,日常的编纂工作均由此工作组完成,因此工作量很大。分管领导是叶青校长。经过全校教职工与工作组的全体同仁四年多的辛勤工作,于2019年完成初稿。又经过多次修改,2020年9月完成评议稿,共计一百八十余万字。

在编纂过程中,全校有三百多人参与撰稿,查阅档案八千四百余卷,访谈人员近百人,收集各种照片五百余张;召开工作例会一百五十余次,全校性工作推进会四次,工作汇报会和交流会各两次,编写培训会四十九次;参加座谈会、评审会有四十余人,收到修改意见三千余条。所有校领导都关心、参与校志编纂工作，做出具体指导，郭为禄书记、叶青校长多次莅临工作小组，进行指导，解决问题。目前，已完成审定稿，等待上海市地方志办公室召开审定会，为正式出版做准备。这部学校历史上唯一的一部校志于 2021 年 12 月诞生。

我把这部校志的编纂作为这一阶段的重要工作任务，认真加以落实，保证校志工作如期完成。其中的主要工作包括：联系上海市地方志办公室，代表工作组做汇报、请示，做好工作计划，主持每周一次的工作例会，召开各种工作推进会、邀请参加会议的领导，审定所有内容，协调编纂人员，等等。总之，事无巨细都得过问，十分忙碌。好在有同事们的积极参与和大力支持，校志编纂工作开展得比较顺利，大家的合作也比较愉快，现在只等最终成果问世了。这项工作前后持续了四年多时间。

（四）继续为社会服务

在继续从事教学与科研的同时，还继续为社会服务，主要表现在以下这三个方面。

1. 参加各种评审

作为一名校外评审专家，我参加了各种评审。其中包括了各种高层次人才的评审。近段时间还参加过由上海市司法局组织编写的系列调解员高级研修（职业培训）教材的评审。我认真参加各种评审，公正地给予评审意见，完成每项评审任务。

随着 2010 年上海第二轮市志编纂工作的开展，有一批市志纳入了评审范围，需要进行评审。我参与了一些市志的评审，其中包括了上海戏剧学院志、上海立信会计学院志、上海市第一人民医院志、上海高等教育志、上海人文社会科学志等。对这些志书中存在的问题，提出修改意见，帮助其提高质量。

2. 开设各种讲座

根据社会需要，我在校内的各种培训班、校外的单位开设了各种讲座，从宣传、学术研究的角度进行讲解，贡献自己的知识。党的十八届四中全会召开以后，中共上海市委专门成立宣讲报告专家组，到市属单位去宣讲会议精神。我被选入为专家成员，在党校、机关、高校、企业等单位，宣讲题为"全面推进依法治国与全面实现小康社会"的讲座。收到很好的反馈意见。那时，我正值脸部带状疱疹发作，而且有全身性症状，疲倦乏力，可还是坚持宣讲，没有影响讲座的质量。

这一时期,在校内外开设的其他学术讲座比较多。讲授的主题有"中国租界法制研究""上海近代法制若干问题""上海租界法制研究""卓越法律人才的培养与诊所法律教育""全面推进依法治国的思考""中国转型时期的法治建设""中国法治与社会"等。除了校内的各种培训班,在校外高校讲授的有上海市内高校,比如上海财经大学、上海师范大学、上海外国语大学的法学院;上海市外的高校有山东师范大学、海南师范大学等、澳门大学法学院等。我把自己研究的体会与心得转化为讲座的内容,给大家讲课,也与他们分享。

3. 开展社会兼职工作

在这段时间,我担任了一些社会兼职工作,其中包括了中国法律史学会常务理事、中国法学会法学教育研究会学术委员会委员、上海政治学会副会长、上海市法学会法理法史研究会会长等,而牵涉我比较多精力的是上海市法学会法理法史研究会会长的一职。2014 年,我被选为上海市法学会法理法史研究会会长。在这六年中,我认真履行自己的职责,与各位副会长、理事与秘书长王捷通力合作,积极开展研究会工作。在新冠疫情发生前,研究会工作始终正常开展。总结这六年的工作,主办、承办、合办各类学术研讨会（含国际学术研讨会）二十一次，参会的海内外专家学者超过一千人次，收到学术论文超过三百篇。在学术研讨中，坚持理论与实践相结合，坚持学术研究中的正确政治站位，坚持深入开展专题研究，坚持多学科整合研究，坚持基础理论研究，等等。研究会的工作有声有色，多次得到领导与同行的好评。

（五）职称、称号有新进展

在这十年中，我的职称、称号也有新进展，主要是以下这些。

1. 被评为二级教授

2011年，被评为二级教授。1997年，我被评为教授以后，一直维持教授职称，不分级差。2011年前，上海市开展职称的分级工作，教授分为一至四级。其中的一级教授即为院士，也就是说，在文科中，不设一级教授，因为没有院士。这样，文科的二级教授就成了最高级别的教授。而且，上海市属高校二级教授的评定权在市教委，学校只有推荐权，没有决定权。二级教授的比例是所有教授的百分之十。那年，我顺利评上二级教授，主要是因为同时符合二级教授的两个条件。一是上海市领军人才,二是国家精品课程负责人。当时规定,只要符一个条件就可评上二级教授。这是学校历史上,第一次评审二级教授,我幸运地被评上了。记得这次评审的名额没有用完,符合二级教授条件的教授不足。

2. 获得一些新称号

2011 年获得"上海市教育系统法制宣传教育优秀校长"称号。这是对我长期从事法制宣传教育工作的肯定与鼓励。

自 2011 年起,多次被"中国法学创新网"(CLSCI)评为"高产作者"。此网每年对发表在十余种法学 CSSCI 期刊上的论文进行统计。凡是一年内在这些法学期刊上发表三篇以上论文的,就可被评为"高产作者"。我于 2011 年、2014 年、2016 年、2017 年、2019 年都被评上,名列中国法制史学者的前茅。

2015 年、2017 年、2019 年被评为"中国哲学社会科学最有影响力学者"。这是由设在"双一流"的长安大学的中国人文社会科学评价研究中心,根据学者发表的学术论文,通过中国知网上的统计数据,进行评审。每两年公布一次评审结果。这虽是一种民间评审机构进行的评审,但依据科学,结论客观,广受关注。我在 2015 年、2017 年、2019 年的评审中都胜出,获得这一称号,而且排名在中国法制史学者中,也属于前列。

3. 被评为功勋教授

2019 年被评为"功勋教授"。我校设"功勋教授"荣誉称号,在已经退休的教授中遴选。1999 年和 2004 年分别进行过遴选,共有九位教授被评为功勋教授。2019 年在学校复校四十周年校庆期间,完成了第三批遴选工作,两人被评为功勋教授,我是其中之一。这一称号的评选依据学校《授予"功勋教授"荣誉称号办法〈试行〉》进行,须经过职称部门推荐、专家评议、党委审议、公示等一系列程序。在校庆大会上,叶青校长给我颁发了功勋教授的证书与奖牌,我做了即兴发言,全场爆发出热烈的掌声。

4. 被评为院的就业工作先进个人

2020 年被校法律学院评为"就业工作先进个人"称号。这主要是根据我指导的研究生就业的情况而给予的奖励。我指导的研究生不论是硕士研究生,还是博士研究生,都是中国法制史专业,就业面比较窄。然而,我与他们共同努力,在读期间就为就业打下良好基础,多发论文,发好论文,增强自己的实力,提升竞争力。于是,博士研究生毕业易找到工作单位,硕士研究生毕业易进一步深造,就读博士研究生。长期以来,我指导研究生的就业率都是100%。从中可知,这个奖实际上是颁发给我与研究生的,是我们共同努力的结果,而非仅仅我一人。

至2020年底,我的教学任务全部完成,以后不会再系统讲授一门课程,充其量会客串上一两次课。科研任务则远远没有完成,除重大项目以外,还有许多命题可以作进一步研究。期待有更为集中的时间去作研究,产出更有价值的学术成果。

(六)2021年的成绩单

2021年是我全退以后的第一年。这年仍然很繁忙,也很充实。在教学、科研、校志编纂等方面都有收获。

1.教学方面

在教学方面。讲授了两门博士生课程的两次课。一次在"中国古代法制史研究"课程中,讲授了"唐律探研"的内容;另一次在"中国近代法制史研究"课程中讲了"中国租界法制专题研究"的内容。这些讲课的内容都在我科研的范围之内,也是长期研究的主题,一切都十分顺利。与教学相关,还开设了两次讲座。一次是受上海政法学院的邀请,为硕士研究生讲授了名为"中国租界法制研究"的内容;另一次是受学校马克思主义学院的邀请,在"法治中国"系列中,为本科生讲授了"中国租界法制专题研究"的内容,这两次讲座的开设均属于我为首席专家的国家社科基金重大招标项目"中国租界法制文献整理与研究"的中间成果,也算是扩大这一项目的影响力。

在教学方面,2021 年还取得了一个国家级教材建设奖。以我为首席专家的"马工程"教材《中国法制史》(第二版,高等教育出版社 2019 年版)在首届全国教材建设奖中获得二等奖。在这次评奖中,共有十二种法学教材上榜,我是唯一一位上海作者获得此类奖项,心里充满喜悦。

2. 科研方面

2021 年在科研方面,也有新的斩获。首先,一个关于借鉴中国优秀传统法典制度的智库成果被一个部级机构采纳,为中国的法治建设贡献了微薄之力。其次,我为首席专家的国家社科基金重大招标项目"中国租界法制文献整理与研究"进展比较顺利。其中,数据库基本建成;召开了一个工作会议与两个学术研讨会。这个工作会议是关于数据库建设的会议。两个学术研讨会全都是关于中国租界法制研究，一个题为"与中国租界法制相关重要问题研究"，另一个题为"中国租界法制与近代城市建设"。项目的阶段性成果也有发表，我的个人成果有七篇。其中，期刊占了六篇（CSSCI 期刊是三篇），另有一篇发表在了《澳门法学》上。再次，科研又有新成果。出版了与上海市人大常委会法工委主任丁伟教授合著的《上海法制建设与立法创新》（上海人民出版社）一书。在《政治与法律》《当代法学》《华东政法大学学报》《东方法学》《江海学刊》《澳门法学》等期刊上独立发表论文十篇。在《中国社会科学报》《解放日报》《人民法院报》《社会科学报》《上海法治报》上独立发表文章六篇。最后，获得一个全国性的学术成果奖。《上海法制史》（第二版）获得由教育部高校法学类专业教学指导委员会、全国法律专业学位研究生教育指导委员会、中国法学会法学教育研究会和北京市曾宪义法学教育与法律文化基金会联合颁发的"第七届中国法律文化研究成果奖二等奖"。这虽非部级成果奖，但操作规范，权威性强，法史学界广泛认同，口碑很好。

展望 2022 年，正逢校庆七十周年，希望能有三本独著的成果面世。它们是《唐律新探》（第六版，北京大学出版社)、《中国法制史论要》(商务印书馆)、《法苑内外》(人民出版社)。合同都已签,书稿将交,期待校庆前出版。至 2022 年,我的个人著作可达十种十九本。

3. 校志编纂方面

我校的校志编纂工作,自 2016 年上半年正式启动以来,我一直负责日常的编纂工作,估计 2022 年 1 月可以见书。共印三千册,可以向校庆七十周年献礼。在我退休前接下的这一工作,退休后可以基本完成,前后历经近六年,完成了市、校下达的任务,还多次得到主管此事的上海市地方志办公室称赞。

2021 年家里有件高兴事。外孙女王祺时(小名"时时")于 2021 年 5 月 31 日在中国福利会国际和平妇幼保健院降生。顺产,体重 6.25 斤,身高 50 公分。到年底正好七个月,越来越可爱了。时时的来临给全家带来欢乐与幸福,"隔代亲"名不虚传。同时,家务也开始增加,我也分担一些。不过,家人对我的工作还是很支持,每天都能到学校的工作室工作一段时间,持续产生一些科研成果。

2022 年,我年满七十二岁。学术年龄比退休年龄还长一些。希望能再工作一段时间,待 2025 年社科基金重大项目完成后,还有精力与时间继续从事力所能及的科研工作。

回顾这十年,自己是在退和进的交替中,逐渐往前走。退是指从一系列管理岗位与兼职岗位上退下来。先从校领导岗位上退下来,然后再从一些兼职岗位上退下来。进是指在教学、科研方面有进步,特别是科研方面的进步。这一退一进既显示出人生发展的规律,更凸显出学术生命较长的道理。只要努力付出,勤奋耕耘,科研的田园一定会结出丰硕的成果,绝不会颗粒无收或者歉收。

八、人生感悟　展望未来

我现在年逾七十,到了古稀之年,其中,在小学、中学、大学共脱产读书十七年,工作时间五十二年(华东政法大学工作三十五年)。回忆走过的人生道路,有了一些感悟。同时,展望未来,还有一些打算。

(一)人生感悟

在人生感悟中,主要是以下几点。

1. 要有感恩心理

感恩既是一种伦理,也是一种品格。人怀感恩心理,就会豁达开朗,遇事平心,待人亲善。家庭中,我的父母常怀感恩心理。他们都从旧社会过来,生活在不富裕家庭,深知那时的艰难、百姓生活的无奈。那种艰辛的经历在他们的童年、青少年期间,打下了深刻的烙印。解放以后,父母是经过自己的努力,过上了幸福生活,感受到新、旧社会的天壤之别。特别是父亲在病倒以后,长期病假,无法上班工作,可一家五口的生活仍有保障,不会断粮缺衣。逢年过节,还有单位派员进行慰问。他们十分感恩于新社会,拥护党的领导,对国家的发展充满信心。这种发自内心的感恩,还外化为对我们孩子的教诲,告诉我们还是新社会好,要感谢共产党。

父母亲的这种感恩心理还转化为自己的行动。他们拥护党和国家的决策与政策,遵纪守法,不发牢骚,心平气和地过日子。在有生之年,他们还考虑到要为社会做力所能及的贡献,处理自己的后事,回报社会。父亲决定捐献遗体,用作国家的医学事业;母亲则决心把骨灰撒海,不占用可贵的土地。父母亲的感恩言行我从小耳闻目睹,逐渐传承下来。

我一方面受父母亲感恩心理的影响,另一方面则有亲身体会,一生广受恩惠。生在新社会、长在红旗下的我,自小开始,就受惠于社会。在读小学、中学的时候,虽然要交纳学费,但数额微不足道,不会影响家里的正常生活。实际上,国家对学校教育投入了大量资金,我小学、中学的学习都非常顺利。到了工厂当上钳工以后,厂里的师傅们对我十分关照,学到许多知识,成为一名合格工人。三次到大学读书,不仅不交学费,还可每个月领取助学金。助学金虽然不多,但与太太的收入加在一起,足够维持一家人的正常生活。读书期间,老师们都关心有加,使我广获知识,不断提升学术水平。博士研究生毕业以后,除了自己的努力,组织上还关心、培养我成为一个教授,从事管理工作,走上领导岗位。退休以后,学校仍然十分关照,除了评上功勋教授外,还提供优厚的科研条件,享受与在职教师一样的科研奖励政策,等等。我亲身体会到,自己的一生都受惠于国家、社会、学校,应该存有感恩心理,做出回报。

对于组织交办的工作,我尽力完成,尽量不留瑕疵。即使遇到困难,也会想办法解决。由我的分管工作和一些具体负责的工作,像五十周年校庆活动、司法考试评卷、校志编纂等工作,都开展得有板有眼,不给学校添麻烦。碰到一些比较棘手的事务,也不退缩,不上交矛盾。记得有位经济法学院的本科生在体育课补考时作弊,毕业时没有学位。这位学生的家长多次撞进我办公室,软磨硬缠甚至气势汹汹,还有威胁性言语。我坚持顶在第一线,耐心讲规定,说道理,与当时的校办主任邹荣老师一起做工作,不把矛盾上交。最后,这位学生觉得无机可乘,便起诉至长宁区人民法院。我又组织学校的相关教师去应诉,最后法院没有支持这位学生的诉求。这一过程持续了不短的时间,可为了学校的工作,我始终坚持下来,没有后退。我怀着感恩的心理,去做好组织交给我的每项工作。

对于自己的师傅、导师,每年都前去拜访,汇报自己的情况,听取他们的教诲。遇到学校组织的捐款,我都积极参与。对学校委以的事务,不计得失,负责编纂校志工作,全尽义务,不取报酬。面对自己的同事,只要有需要,全力相助;有机会委以重任的,竭力推荐;目前的校领导中,有多位都曾是我分管部门的负责人,是多年的好同事;有的还调至外校,外任为校长。看到他们的进步,我由衷高兴。这些事都是我应该做的,做这些事也都十分自然,其中包含感恩心理。

2. 要善待学生

我校是一本线大学,考来读书很不容易,要过五关斩六将。他们到学校来读书是为求知识、学本领,将来更好地谋生、为国家建设做贡献。对于学生,不论是本科生还是硕士、博士研究生,我都认真授课,把自己掌握的知识,全部、完整地传授给他们,使他们每听一次课,就有一次不小的收获、一次新的长进。为了督促学生认真听课,我对授课过程的管理比较严格。要求他们遵守课堂纪律,要求

127

教学互动,要求按时完成作业,等等。但在最终学习成绩的评定上,绝不苛刻,能及格的就及格,能高分的就高分,实事求是。

硕士、博士研究生的差异特别大,其中有的有工作经历,有的没有工作经历;就是有工作经历的,工作单位性质也不一样。这就需要因材施教,特别是毕业论文的指导,都是一人一题,需要分别指导。这花了我大量的时间与精力,一点都不偷懒。

指导研究生的重点是授人以渔,着重培养他们的科研方法与能力,使他们受用一辈子。比如,在阐述中国历史上某个制度的特点时,学生们往往会不加比较,凭自己的感觉写。这样的表述往往不准确。此时,我就会指导他们使用比较的方法,找到一个参照对象,在比较中提炼特点。这样的特点表达就会科学一些,准确一些。以后,学生如果再遇到类似的情况,就会自觉地运用这一方法,进行研究与表达,其研究方法与能力也会逐渐提升了。

根据学校的规定,硕士、博士研究生在毕业以前都要公开发表论文。硕士研究生只要公开发表一篇即可;博士研究生则至少要公开发表五篇,其中三篇是普刊,另两篇要 C 刊、核刊。这对他们来说,有不小的困难,尤其是博士研究生。为了他们都能顺利毕业,就需帮助一把。首先是把好论文的质量关,对论文提出修改意见,直到成熟、达到发表水平为止。在此基础上,我就有信心向相关刊物推荐,尽可能在毕业前刊用,完成他们发表论文的任务。现在,C 刊少,论文多,竞争激烈,发表的困难不小。在这样情况下,我就想方设法,帮助他们闯过这一关。而且,我从不在论文上署自己的名字。有的学生曾主动要求我署名,提高发表的命中率。但是,为了学生,我宁可尽最大的努力,支持、帮助学生,也不署名,长年来一直如此。许多学生从中受益,都单独在 C 刊上发表过论文。

当然,善待学生不是溺爱学生。看到学生存在缺点、不足,我会直截了当地指出,在修改论文时,尤其如此。因为,只有这样,才有利于他们直面缺点与不足,及时加以改正,而每一次改正,就是一次提高。长年指导学生学位论文的经验告诉我,论文的大纲十分重要。它既决定了论文的结构框架,又决定了论文的内容安排。大纲失误,整篇论文就会走样。所以,指导论文从草拟、修改、确定大纲开始。有的论文大纲修改会在五次以上,我不厌其烦,从不推诿,而且几乎每次都是面对面交流。当然,在论文的写作过程中,大纲还可能再修正,另外还要涉及论文的题目、内容、注释等,直到论文的各个部位都融合为止。每篇学位论文特别是博士学位论文,都像一座大厦,只有当各个部位都达到要求时,才能竣工。我与学生共同为论文的撰成而努力,年年如此。

研究生进校以后,我就要求他们抓紧时间搞科研,写论文,千万不要浪费时间。研究生的学制为三年,最多还可延长三年。平时上完课,不搞科研,时光很容易流失。事实证明,有大量时间可以用于研究,产出成果。有的学生在读期间,发表各种论文十篇,有的还获了奖。有了科研成果,他们就容易收获各种包括奖学金在内的奖励。许多荣誉是叠加产生,奖励多了,评上校、市优秀毕业生就不太难了。论文写多了,学术水平提高了,学位论文的质量也会随之提升,被评为校、市级优秀论文的几率也会增加。当学生获得校、市级优秀毕业生、优秀论文称号时,我真是满怀喜悦。

研究生在读期间,家里难免会发生这样那样的事,有的研究生会因资金短缺而苦恼。这时,我会伸出援助之手,扶持一把。记得有位2007级博士研究生在学期间,父亲病重,却因缺少治疗经费而犯愁。此时,我除了自己捐款以外,还动员其他研究生,特别是已经毕业工作的研究生,也一起捐款,帮他缓解了经费困难。这位研究生十分感动,我们大家也都十分高兴,以助人为乐为荣。

我指导过的研究生已有一百三十人。其中,法学硕士研究生四十人，法律硕士研究生十八人，博士研究生七十二人。他们中的绝大多数人都在自己的工作岗位上兢兢业业，卓有成绩，包括走上领导岗位与成为教学科研骨干。郭为禄、沈大明、陈柳裕、应培礼、黄爱武都已走上厅局级领导岗位。除了黄爱武，其他四位都在高校任党委书记、副书记。还有杨正鸣、方立新、黄武双、袁兆春、洪冬英、许莉、王沛、王月明、饶传平、穆中杰、练育强、丁德昌等更多人任教授、博士研究生导师，成为自己学科的教学科研骨干。看到自己的学生纷纷成才，出类拔萃，我心里充满了成就感、满足感。

我工作室的墙上挂了一幅毛笔字，四个大字十分醒目，即"大成教育"。下面有一排小字，内容是"引导学生各自成才，都走上成功之路的教育"。这排小字是"大成教育"的解读与具体化。落款的撰写人是山东的牛国泰先生，时间是 2009 年夏日。我每天走进工作室就能看到这幅字，以其为鞭策，认真履行一个教师的职责，善待自己的学生。

3. 要勤奋科研

我对自己的弱项有自知之明。一是天资不算很聪明。学界比我聪明的人有很多，他们的理解能力、记忆能力、表

达能力等,都比我强。二是少了十年时间。这十年就是
"文革"的十年。那时,正值学习的时间,却被浪费了。三
是底子薄。在我的学历中,没有上过高中、本科。这些都
是十分关键的学历,我都没有,底子就比较薄了。这是历
史造成的,无法避免。四是留校以后长期从事行政管理工
作。自1985年硕士研究生毕业留校以后,长期从事行政
管理工作,时间达二十年。自己搞科研、做学问的时间少
了许多。面对这些弱项,要想在学界有立锥之地,不勤奋
根本不行。只有比他人更为勤奋,付出更多,才有可能直
追猛进,缩短差距。中国人的训言"笨鸟先飞"成了我的
一个座右铭,时时记在心里。

在管理岗位任职时,白天全身心用在公务上,无暇考
虑学问。但是,在下班后与节假日,我则全身心投入科研,
考虑、研究学术问题,埋头撰写论文、著作。此时的办公室
就成了我的书房。办公室里堆满了各种书籍。如果不够
用,就会到图书馆去借。我写论文、著作都写在纸上,请秘
书、学生打印后,再传出去。不如绝大多数学者专家都会
玩电脑,自己打印。这主要是我有依赖性。任职时,有秘
书帮助打字;退下来后,有学生帮助打字;自己懒得去学。
现在,有了时间,也有了更先进的打字方式,可我尝试了一
下,觉得自己年龄大了,长时间看电脑,眼睛受不了,也就

作罢了。

在管理岗位上,坚持搞科研,人比较累。这等于一个人要承担多重角色。白天干公务,晚上与节假日做学术;一脑要多用,白天考虑公事、授课,晚上与节假日想学问。因此,几乎没有娱乐活动,电视都很少看。当同事们谈论电视节目,我常常会感到好奇。不过,也有好处,就是自己的学术能够得到发展,学术水平会有所提升。这有利于评职称,也有利于退下来以后,继续从事学术研究。学术研究不能长时间中断,否则就会生疏,思路僵化。所以,苦一点也值得。从管理岗位上退下来以后,我感觉一身轻松,好像可以自由飞翔一样。不要天天上班,不要开各种会议,不要撰写发言提纲,可以集中精力与时间从事科研,大块大块的时间用于写作。总之,可以做自己想做的事。于是,开始集中研究一些自己以往想研究但却无时间研究的问题。其中,重点拓展了中国租界法制与中国法制史学史两大领域,产出了不少成果,有的还发表在权威期刊上,使其成为自己学术研究体系中新的增长点。

现在,除了外出开会、办事,我每天早上八点前会到工作室,开始写作。中午休息一下,下午继续握笔,四点以后回家做饭。这差不多就是我每天的行动轨迹,比较刻板。节假日也大致如此。不少同事问我,为什么这样安排。我就会回答,不搞科研,不写点东西,没事可干。每天早上七点以后,太太就出门上班,我一个人待在家里也没事可做,不如到学校去工作。而且,家与学校仅一墙之隔,非常近,工作室就如同家里的书房一样。这些客观条件十分有利于我勤奋做科研。

中国法制史与其他文科学科一样,花用的时间、精力与产出成果成正比。花用的时间与精力越多,成果也会越多,反之则少。勤奋集中体现在时间与精力的投入上。时间、精力投入多了,思维就会活跃,演绎的领域就会扩大,需要研究的问题也会增多。一些原来没有思考到的问题会触类旁通,凸显出来,成为新的研究课题。这会使需要研究的问题越来越多,源源不断,不会有无东西可写的感觉。有了想法,形成思路,再加上努力写作,科研成果就会不断涌现。我研究中国租界法制,从上海租界法制开始,之后拓展到中国租界法制,并把中国租界法制中的各个领域分别作研究,立法、行政执法、司法、法制心理、法学教育、法制传播等都在其中。同时,还可根据自己的研究成果作理论上的提升与学术观点的争鸣,把这一法制与中外不平等条约、中国法制现代化、近代的区域法制建设、会审公廨的法律性质等联系起来,得出新的学术观点,进行学术创新。这就易使科研变得有声有色,真正体现学术的价值。我作了个粗略的统计,已在《中国法学》《中外法学》《学术月刊》《政法论坛》《比较法研究》《现代法学》《澳门研究》《中国法研究》等期刊上,发表中国租界法制的论文二十余篇,另外,在十余篇论文中,涉及中国租界法制的内容。有这些成果为基础,《中国租界法制初探》出台了,国家社科基金重大项目"中国租界法制文献整理与研究"也收归囊中。

许多事实都证明,勤奋比天资更重要,勤奋可以使人变得聪明,懒散会使人变得愚钝。而且,自恃聪明而不勤奋者很容易陷入自负、愚蠢的泥潭。这是一个事实。

4. 要学术创新

学术的生命与价值都在于创新。一个高校教师不能不搞科研,也不能没有学术创新。否则,就不是一个称职的教师。这种创新在中国法律史上具象为选题、观点、资料等各方面的创新。创新的载体可以是论文、著作、研究报告等,但比较引人注目的是论文。相对而言,论文水分少,产出周期短,学术含量高,在评价体系中所占位置也较为重要。而且,系列论文的系统地整合,还可以成为学术专著,这在学界已被广泛认同。可见,撰写、发表论文优越之处甚多。

学术创新的路径有许多，依据我的经验，大致是这样三条。第一条，寻找一个前人几乎没有研究、又有较大拓展空间的领域。一旦发现这一领域，进行深度开发，其中的宝藏会层出不穷地显现，可以开发的时间也可以很长。我从发现上海租界法制开始至今，已有三十余年，目前仍在开发，成果还会陆续问世。

第二条，发现自己的学术观点与前人不一样，可以进行学术争鸣。学术是公器，大家都可使用。在学术研究深入进行中，不免会有新发现、新进展，其中还会萌发一些新观点，这些观点如果与前人的观点不一致，这就可以进行学术争鸣。通过辨正、商榷、异议等形式，阐发与前人不同的观点，繁荣学术园地。我对中国古代法制是封闭发展法制等观点的辨正，对唐律内容疏而不漏、唐律"化外人相犯"属于国际私法等观点的商榷，对中国租界会审公廨是中国审判机关观点的异议，等等，都属于这种情况。

第三条，弥补前人研究中的不足，填补一些学术空缺。即在前人已有研究并有不少研究成果的领域中，去发现其中的弱点，见缝插针，进行弥补性研究。有的研究领域面比较宽，前人的研究常会留下空间；或者随着时代的变迁，视野拓宽，发现有可以研究的新问题。这些也都是可以进一步开展研究的领域。我对中国法制史学史的研究就是如此。改革开放以后，已有专家学者研究过中国法制史的成果，发表过有关中国法制史学史的成果。随着中国法制史研究成果的大量出现，中国法制史学史也在不断向前推进。于是，我就对唐律、中国地方法制史、中国租界法制史学进行研究，还专门对中国法制史学史的研究成果也进行研究，撰成论文发表，在学界产生了影响。这三条路径都有可能带来创新成果，可以进行尝试。

要建立、经营好自己的学术"根据地"。这也与学术创新有关。这个"根据地"是指专家学者自己擅长的学术研究领域或已有一定研究基础的领域。这一根据地的建立已不容易，因为已做出过努力，有前期的研究与成果的产出。有了这种"根据地"不要轻易放弃，需要经营好，进一步发挥其作用，产生更多成果，从而在学界独树一帜。另外，在经营"根据地"的同时，还可发散其效能，建立新的"根据地"，扩大自己的学术范围。我自己的"根据地"有唐律研究、上海法制史研究、中国租界法制研究、古代东方法研究、中国法制史学史等。其中的唐律研究自硕士研究生期间逐渐建立起来，硕士学位论文也以唐律为主题。硕士研究生毕业后，一直经营着这块根据地，成果不间断，《唐律新探》一书出版了五版，从原来的十七万余字，增加到了四十余万字。如果有机会，还可以出版第六版。

从实际情况来看,在中国法制史学界,一个人一辈子只研究一个领域的情况,少之又少。一般,都在两个或以上领域。不同的"根据地"之间有关联则更好,可以互相"支援",联系起来研究,产出一些交叉成果。现在博士生的博士论文可以作为第一块初成的学术"根据地",不要轻易放弃,可以进一步深挖,把它做大做强,并把这一"根据地"牢牢掌握在手中。我的博士学位论文自 1996 年出版了第一版以后,2006 年、2019 年又分别出版了第二、三版,篇幅也从原来的二十五万字增加到了四十二万余字。当第一块"根据地"经营得比较好了,就可以考虑再建立新的"根据地",逐渐扩大自己的研究领域,开辟新的学术天地。

学术创新讲究学术含量,追求学术增量,每位教师都要在学术含量与增量上做文章,贡献出高学术价值的成果。

5. 要学会运用法学与史学两种研究方法

中国法制史是一门传统的交叉学科,交叉于法学与中国史学之间。从法学的视角来看,中国法制史可以是法学的一门基础学科;从中国史学的角度来审视,中国法制史则是中国史学中的一门专史。这就决定了研究中国法制史,既可从法学的方向进行研究,也可以从中国史学方向进行研究。实际情况是,在法学与中国史学的教研人员中,都有人研究过中国法制史。以研究唐律为例,乔伟教授是法学的教研人员,主要从法学的方向去研究唐律,代表作是《唐律研究》(1985年);杨廷福教授则是中国史学的教研人员,主要从中国史学的路径去研究唐律,代表作是《唐律初探》(1982年)。虽然,它们分属不同的学科领域,但都研究过唐律,都有自己的代表性研究成果。

法学与中国史学本身属于不同的阵营。法学属于社会科学阵营,中国史学则归属于人文科学阵营。社会科学是一门探索与研究社会现象的科学,经、管、法等学科属于这一阵营。人文科学是一门探索和研究人类利益的科学,文、史、哲等学科属于这一阵营。不同阵营的学科往往有不同的研究方法,法学与中国史学也是如此。站在法学阵营去研究中国法制史,就要特别具有问题意识,重点解决中国问题,还要用法学的知识、原理去分析、研究中国法制史中的问题,使研究成果能列入法学学科的范畴。站在中国史学阵营去研究中国法制史,则要更多地关注考古、考证,发现中国法制中的一些史实、现象,弄清其中的来龙去脉,以使研究成果能被归为中国史学的范畴。

法学与中国史学两种不同的研究方法不是绝对地对

立、切割,他们之间还有一定的联系。法学的中国法制史研究也要弄清史实,也要充分运用史料;中国史学的中国法制史研究也不能完全弃用法学原理。然而,它们还是有所侧重,毕竟属于不同阵营,不能混为一谈。

虽然,法学的中国法制史研究与中国史学的中国法制史研究在研究方法上不尽相同,但其目标则趋于一致。那就是都要从中国法制史的表象中,去探索、揭示、研究中国法制的发展规律。通过这种发展规律来把握中国法制的方向,借鉴其中的优秀传统,预测中国法治发展的前景。从这种意义上来讲,这两种研究方法应是殊途而同归的。

从中国目前的法学与中国史学刊物发表的中国法制史论文情况来看,其侧重点与要求确实有所不同。多数法学类刊物对所发表中国法制史的论文,比较强调运用社会科学的方法,注重问题意识,特别是要解决中国问题,甚至根本或很少发表不具有解决中国问题内容的论文。中国史学类刊物对发表的中国法制史的论文,则比较强调人文科学的方法,主要用考证、训诂等方法,注重求知,探求、确认史实。中国法制史的教研人员在撰写论文与投稿时,就要有的放矢,运用不同的研究方法,以便提高用稿发表率。

作为一位中国法制史的教研人员,最好能把握社会科学与人文科学两种研究方法,根据不同的研究问题与论文内容,投稿到不同的刊物。实践证明,只要研究方法运用得当,常常会收到较好的效果。我自己就有这样的体会。2019 年第 1 期《中国法学》发表了我的《〈大清律例〉条标的运用与启示》一文。此文的主题内容阐述了《大清律例》条标在中国古、近、当代的运用,得出的结论是一部法典设条标比不设条标要好,落脚点则是要解决中国法律不设条标的问题。改革开放以来,在全国人大制定的法律中都不设条标,这是现今中国立法中存在的问题,也是可以从中借鉴加以改进的一个方面。另外,我在 2012 年第 6 期的《史林》上发表了《辛亥革命时期上海华界立法探析》一文,此文从辛亥革命时期上海华界立法的发展阶段、特性、实施、意义等一些角度,较为全面地反映了这一时期立法的面貌。翌年,此文被人大复印资料《中国近代史》第 5 期全文转载。这两篇文章运用了不同的研究方法,发表于不同的学术刊物,都获得了成功。

学会运用法学与史学两种研究方法十分重要,千万不能轻视。只有正确运用这两种研究方法,才能有效提高研究质量,做到事半功倍,拓宽发表研究成果的渠道。

(二)展望未来

从 2022 年开始,我将走上新的人生道路,继续返聘结束后的退休生活。可是,还是退而不休,在可以预见的未来,有些工作要继续做完。

在教学方面。2021 年,我指导的最后四位博士研究生和一位硕士研究生顺利通过论文答辩、毕业。其中的孙晓鸣同学获得优秀的成绩,可以去参与评奖,期望能有好成绩。这五位研究生毕业后,我系统授课的教学任务结束,以后充其量去客串上几次课,这就可以更为专一地从事自己的科研了。

在科研方面。2022 年以后的科研任务依然很重。首先,要继续推进国家社科基金重大招标项目的研究,重点在建好中国租界法制文献的数据库,以便全力进行中国租界法制文献的研究;与项目组成员一起,发表包括中国租界法制文献整理与研究在内的论文,出版阶段性的著作;保证在 2025 年完成此项目并结项。

我还会利用做国家社科基金重大招标项目的间隙时间,见缝插针,撰写一些其他论文,不至于我的其他研究领域研究进程中断。比如,唐律研究、上海地方法制史研究等。而且,这项工作在 2025 年以后,仍有进一步发展的空间,不会停滞不前。总之,要把学术生命再延长一些,使我这个功勋教授再创造一点功勋,为学校和中国法制史学界再做点贡献。

　　我人生七十余年的历程,用一句话简单概括就是"从钳工到功勋教授"。其中,经历了人生的幼年、童年、青少年、青年、中年、老年各个阶段,然而由于篇幅的原因,有许多事都无法概括进来,有很多酸甜苦辣还没有表达出来,期待有生之年,再作续写。